Collection « Carnet/PSY »
dirigée par Manuelle Missonnier

Écrite par des cliniciens pour des cliniciens, la revue mensuelle *Carnet/PSY* (www.carnetpsy.com) est un outil fédérateur des professionnels de la psyché. Source d'informations sensibles, c'est aussi une vivante agora accueillant les débats actuels qui dynamisent les pratiques.

Les ouvrages de la collection « Carnet/PSY » actualisent, développent et prolongent les temps forts éditoriaux plébiscités par les abonnés de la revue.

Praticiens avertis et étudiants trouveront dans ces dossiers et documents des repères organisateurs pour relever le défi du soin.

Parmi les titres déjà parus :

Sous la direction de **Catherine Azoulay**,
Les troubles psychotiques chez l'enfant et l'adolescent
Apports du bilan psychologique

Sous la direction de **Anne Brun**
Les médiations thérapeutiques

Sous la direction de **Catherine Chabert, Dominique Cupa, René Kaës, René Roussillon**
Didier Anzieu : le Moi-peau et la psychanalyse des limites

Sous la direction de **Michèle Emmanuelli et Catherine Azoulay**
Les troubles limites chez l'enfant et l'adolescent
Apports du bilan psychologique

Les séparations

ONT PARTICIPÉ À CET OUVRAGE

Jacques André
Catherine Azoulay
Isée Bernateau
Aline Cohen de Lara
Paul Denis
Michèle Emmanuelli
Vincent Estellon
Alberto Konicheckis
Sylvain Missonnier
René Roussillon
Benoît Verdon

Sous la direction de
Catherine Chabert

Les séparations

Victoires et catastrophes

érès
éditions

Cet ouvrage a été élaboré à la suite du colloque « Les séparations. Victoires et catastrophes » du 15 octobre 2011, organisé par Catherine Chabert et le LPCP de l'université Paris-Descartes.

Conception de la couverture :
Anne Hébert

ISBN : 978-2-7492-3885-2
CF - 2000

33, avenue Marcel-Dassault, 31500 Toulouse
www.editions-eres.com

Introduction

Catherine Chabert

Les séparations, entre attraction et perte, séduction et renoncement, scandent le rythme de la présence et de l'absence, tout au long de la vie, dans ses passages, ses aléas et ses désordres, dans ses rencontres et ses miracles. L'expérience de séparation s'ancre aux commencements et s'arrime à leurs destins : pas de début sans, à l'horizon, l'ombre de la finitude. Entraînées par la masse d'affects tristes, nostalgiques voire mélancoliques, figées par l'angoisse de l'éloignement et de la mort, les séparations risquent d'être essentiellement saisies dans le halo du désespoir ou du traumatisme. On en oublierait presque la détermination constructive, indispensable à tous les

---

Catherine Chabert, professeur de psychologie clinique et de psychopathologie à l'université Paris-Descartes, Sorbonne Paris Cité LPCP (EA *4056), psychanalyste, membre de l'*APF.

processus de différenciation : qu'ils se déclinent entre dedans et dehors, réalité psychique et réalité matérielle, moi et autre, masculin et féminin, ils trouvent dans l'expérience de séparation et dans les représentations qu'elle se donne, un support fondamental riche de toutes les potentialités de changement.

La sexualité – dont l'étymologie appelle à la fois « secare, couper-diviser » et « sequi, accompagner » – ordonne la dynamique de la vie, en soutenant les mouvances pulsionnelles dans leurs entrelacements libidinaux et agressifs. L'amour et la haine, la nécessaire ambivalence qu'ils déploient, s'organisent chaque fois autour de scènes d'union et de séparation parce qu'elles condensent, rassemblent ou animent le désir et l'interdit, la satisfaction et l'abandon. La clinique analytique, comme la métapsychologie, dessinent des configurations plurielles et singulières qui en dévoilent les écueils et les conquêtes.

Au cœur du développement psychosexuel, aux différentes périodes de la vie, mais aussi insistantes dans leurs traductions pathologiques, la séparation occupe une place centrale dans les traitements psychiques : c'est bien l'alternance de la présence et de l'absence des deux partenaires de la cure, son action et sa répétition qui en permettent la reviviscence dans le cours du transfert.

C'est à un processus de différenciation que la séparation consacre ses fonctions : engagée par les écarts entre les désirs et leur satisfaction, elle ordonne d'abord la construction de l'ébauche du monde interne. La réalisation hallucinatoire du désir permet au tout-petit d'attendre, lorsque la réponse de l'objet n'est pas immédiatement obtenue, et en ce sens elle établit les bases de l'illusion qui en assurera le déploiement. Si la mère est suffisamment bonne, comme l'entend Winnicott, cela veut dire qu'elle ne comble pas systématiquement les brèches, qu'elle engendre une frustration et une tension nécessaires, qui trouveront une autre voie de résolution par l'objet, à partir des traces de l'expérience. Sans privation, sans la rupture qui lui est inhérente, il n'y a paradoxalement pas de potentialité de continuité du sentiment d'exister. L'exemple de l'excès de présence de la mère le plus éloquent se découvre dans l'édification d'un faux-self, qui vient montrer la précarité du monde interne d'un enfant envahi par les réponses inévitables de sa mère, colonisé par son système de représentation. Lorsque Winnicott insiste sur les retrouvailles avec l'objet, il sous-entend évidemment que cet objet a été perdu, même transitoirement.

En amont, chez Freud, la perte de l'objet qui autrefois avait apporté une satisfaction réelle, est indispensable pour l'accession aux représentations : or, la perte et la séparation sont intrinsèquement liées, originairement, dans l'émergence des états de détresse où justement, l'*infans* est sans ressources, rendu impuissant par l'impossibilité de recours à un objet secourable au dehors, mais tout autant par son absence au-dedans. C'est bien sûr, l'expérience de satisfaction répétée qui inscrira ses traces psychiques, et permettra le détour et l'attente mais tout autant, l'expérience de séparation répétée, elle aussi : pour qu'il y ait retrouvailles avec l'objet, il faut bien qu'elle soit advenue et admise, psychiquement.

La mobilisation pulsionnelle, dans son double courant libidinal et agressif, est engagée aussi bien dans l'axe narcissique de la construction psychique que dans l'axe objectal qui s'y associe, inéluctablement. Nous savons bien que l'ambivalence pulsionnelle constitue le socle de l'expérience de séparation et de son élaboration. L'amour et la haine, régulièrement convoqués, assurent le renouvellement de ces avènements dans le cours du développement psychosexuel, pour chaque configuration qui s'y révèle. Le complexe d'Œdipe, lui aussi, ne peut s'entendre qu'aux prises de l'ambivalence dont il orchestre les mouvements contradictoires : c'est bien le courant libidinal qui porte les désirs, et l'attraction et la passion amoureuse, mais la confrontation aux interdits, la haine pour le rival, appellent les capacités de renoncer, et donc de se séparer. Sans ce recours, les fixations demeurent et fomentent la répétition compulsive du même.

Ce sont ces modalités plurielles de traitement de l'absence, de la perte et de la séparation qu'elles entraînent qui régissent nombre de dérives psychopathologiques.

Que la dépression, dont on peut penser qu'elle témoigne toujours, en dernière analyse, de difficultés à se séparer, ou en tout cas, d'une impossibilité même transitoire à supporter la séparation, se découvre dans toutes les situations de souffrance psychique, dans toutes les configurations psychopathologiques, ne devrait plus nous étonner. Même si les modalités de cette souffrance et de leur aménagement diffèrent, il nous faut admettre qu'elles n'en constituent pas moins, au-delà des diverses formes qu'elle sont susceptibles de prendre, un noyau essentiel de la condition humaine.

Cet ouvrage rassemble les contributions d'auteurs qui se sont tous penchés sur cette expérience fondamentale, à partir de situations cliniques originales, pour en dégager les éléments communs et les différences, et en analyser les sources et les devenirs, La psychanalyse offre des perspectives cliniques, théoriques et thérapeutiques particulièrement pertinentes pour saisir ces problématiques et leur dynamique, dans l'articulation vivante que permet la clinique du transfert.

Aux différents âges de la vie, dans les traversées de la psychopathologie ou de la littérature, c'est le même motif qui constitue l'objet de recherche essentiel, le même questionnement qui soutient le propos : les séparations, victoires ou catastrophes ?

Perdre, abandonner, se trouver

Catherine Chabert

Dans les multiples voies qui s'offrent à nous pour aborder la question des séparations, qu'elles relèvent d'une catastrophe ou qu'elles assurent une victoire, j'ai choisi celle qui part de l'angoisse pour stigmatiser en quelque sorte la part commune qui peut en constituer l'un des soubassements, en termes d'affects, avant même que ceux-ci soient connectés avec des représentations.

Catherine Chabert, professeur de psychologie clinique et de psychopathologie à l'université Paris-Descartes, Sorbonne Paris Cité LPCP (EA *4056), psychanalyste, membre de l'*APF.

Consubstantialité de l'angoisse et de la séparation

La consubstantialité entre l'angoisse et la séparation s'impose déjà dans les différentes « formes » d'angoisses repérées dans la clinique de la psychanalyse et dans leurs correspondances théoriques : angoisse de castration, angoisse de perdre l'amour de la part de l'objet, angoisse d'anéantissement. Sans se fourvoyer dans les excès de résonances psychopathologiques ou psychogénétiques, il faut bien admettre que chacune de ces formes relève d'une opération de séparation : la castration appelle un double renoncement – à la bisexualité et à la réalisation des désirs œdipiens –, la perte d'amour convoque l'absence voire la disparition de l'objet aimé, l'anéantissement sombre dans l'évanouissement du sentiment d'exister… Il s'agit, chaque fois, de se séparer : de la croyance en une toute-puissance illusoire, de ses premiers objets d'amour, de soi-même, et même de la vie.

Ce repérage peut aisément s'établir à partir de Freud, mais, curieusement, la liste des angoisses liées à la séparation augmente avec le temps, depuis les débuts de la psychanalyse. Le traumatisme de la naissance (Rank, 1924) signale le premier arrachement au ventre maternel et l'arrivée dans un monde sauvage et inconnu. Les processus de « séparation-individuation » développés par Margaret Mahler (1975) soulignent la contribution féconde de la séparation à la construction identitaire… Quant aux nouveaux travaux sur les différentes périodes de la vie, ils mettent tous l'accent sur la nécessité imposée par le temps de se défaire de ce qui, précédemment, avait constitué l'essentiel des investissements : tout changement implique une séparation d'avec ce qui, autrefois, était là et à quoi il faut maintenant renoncer. Parallèlement, les évènements de la vie peuvent offrir des figurations à ces différentes qualités de l'angoisse en donnant sens aux caractéristiques qui les spécifient : l'étude des interactions entre les mères et les bébés a infléchi les représentations des débuts de la vie et les mots viennent pour dire la symbiose, le fusionnel et l'archaïque qu'ils stigmatisent et les indices subtils permettant de suivre les mouvements progressifs mobilisés par la longue tâche d'éloignement de l'*infans*. L'entrée à l'école sert de figuration presque objective à une « autonomie » requise dès lors que l'éducation échappe en partie aux parents. Que dire de l'adolescence, de ses conquêtes et de ses drames ? La subjectivation est promue au rang de concept, fondement essentiel de cette traversée décisive, et le mot même vient placer la capacité à se séparer comme visée prioritaire. Le deuil a pu même être considéré comme significatif du processus de cette période de la vie comme si, en effet, l'enfance était morte et qu'il fallait radicalement s'en défaire. C'est un point de vue que je ne partage pas : même si la confrontation à la perte y est inéluctable, l'adolescence relève d'un processus de séparation différent de celui du deuil. Si l'enfant meurt avec la sexualité génitale, alors aucune séparation ne sera possible, elle sera inévitablement confondue avec la disparition. C'est peut-être ce qui se passe plus tard dans le cours de la vie, lorsque le grand âge advient et que chaque séparation risque d'être une perte définitive.

C'est dire, en quelques phrases lapidaires il est vrai, que le développement bien sûr mais aussi l'évènement prennent le pas sur les transformations psychiques et la scène qui les accueille. Une scène qui devrait être intérieure, si les processus de séparation se réalisent dans les meilleures conditions, mais qui s'expatrie dans la réalité de l'intersubjectivité s'ils s'avèrent fragiles, discontinus et donc précaires. À partir de quoi s'organise une psychopathologie de la séparation et de la perte, dont la construction est très précieuse mais dont nous pourrions, après-coup, assouplir le cadre. En effet, on considère que la problématique essentielle des états-limites relève de difficultés patentes dans l'élaboration de la perte saisissables notamment dans la force d'angoisses de séparation particulièrement agissantes. Le corolaire ou le symptôme en est l'attachement à la perception de l'objet, indispensable pour que soit maintenue la continuité de son existence. En contraste, les névrosés, ayant à disposition une scène intérieure et un système de représentations davantage ancré dans la réalité psychique, pourraient perdre de vue leurs objets d'amour sans être menacés de leur disparition. Cette distinction, si juste soit-elle, ne devrait pas nous entraîner dans des propositions diagnostiques : il est des situations qui, pour chacun d'entre nous, quelles que soient ses modalités de fonctionnement psychique, sont susceptibles de mobiliser des conduites défensives spécifiques, plus régressives, et notamment, cette forme d'accrochage à la perception de la présence de l'autre qui, seule, garantit ponctuellement la croyance dans sa survivance.

Angoisse et perte

Nous pourrions partir d'une première proposition, évidente : l'angoisse a toujours à voir avec ce qui sépare, elle relève toujours d'une coupure – d'avec un objet aimé, de ce que l'autre a et que je n'ai pas, d'avec soi-même, ou encore de la vie.

Cependant, la proximité de la séparation et de la perte est telle que, parfois, on ne sait plus tout à fait de quoi l'on parle : se séparer, perdre, est-ce toujours la même expérience, la même souffrance, la même jouissance ? En dépit des qualifications de la temporalité inconsciente (le temps n'existe pas !), on peut s'interroger sur le statut et les traces de l'absence et de la perte dans des expériences de séparation dont on sait bien à quel point elles peuvent s'inscrire dans des logiques différentes voire contradictoires selon qu'elles relèvent de la réalité des pensées conscientes ou inconscientes : partir, se séparer, disparaître, mourir... Voilà qui est susceptible d'engager des systèmes de représentations parfois absurdes à l'aune de l'objectivité évènementielle. Entre la dramatisation et le déni, les variantes se déclinent dans un mouvement qui les dialectise ou les radicalise brutalement : les modes de traitement de l'angoisse de séparation varient, sans entretenir de lien toujours compréhensible avec les évènements.

On peut donc s'interroger sur les opérations psychiques qui les traitent et qui permettent ou non leur inscription psychique : la scène intérieure et son théâtre privé, l'investissement de la réalité psychique, c'est-à-dire de la représentation, du rêve, du fantasme, garantissent la pérennité des objets internes : on se sépare, bien sûr, on ne se perd pas pour autant car les traces sont là, qui permettent de convoquer l'objet absent, de le faire exister en représentation, en s'assurant de sa continuité. Sauf si la mort annonce la voie du non-retour de la perception de l'objet aimé, même s'il est constamment là en représentation ou en image : de cette expérience-là, de l'expérience du deuil, peut-on dire qu'elle n'est qu'une séparation ?

Melanie Klein a su montrer comment se développe la capacité de représenter un objet absent, victorieux des attaques projectives des mauvais objets : l'expérience renouvelée de séparations et de retrouvailles scandant les mauvais et les bons moments qui leur sont liés, favorise la prise d'indépendance et l'instauration de l'ambivalence. La position dépressive et son élaboration permettent la coexistence, au sein d'une même entité, du bon et du mauvais, de la bonne et de la mauvaise mère, de l'enfant bon et mauvais. Entre ces deux-là, la séparation peut s'instaurer, parce qu'ils forment désormais deux entités distinctes contenant chacune amour et haine.

Mais c'est autre chose qui m'intéresse dans la théorie kleinienne : peut-être n'avais-je pas suffisamment prêté attention à la place et à la fonction de la projection. Il fallait dégager l'articulation, l'emboîtement de la position paranoïde-schizoïde et de la position dépressive au regard de la perte d'objet qui les sous-tend : il s'agit bien, en effet, de positions et non de stades de développement, l'une ne disparaît pas quand l'autre s'établit, l'une et l'autre sont susceptibles d'être réactivées tout au long de la vie à la faveur de situations singulières. Et surtout, l'une peut basculer dans l'autre ou elles peuvent coexister dans un équilibre plus ou moins stable, du fait de la force de la projection. Toute situation de perte peut engendrer à la fois un désespoir immense et en même temps une colère insurmontable, une auto-accusation taraudante mais aussi une menace persécutrice : la projection de la haine peut toucher l'autre et le transformer en mauvais objet tout en s'acharnant contre le moi sous la forme d'une angoisse de séparation définitive : ne plus jamais être aimé, être quitté ou abandonné pour toujours.

De la mélancolie à la projection

Je reviens un instant au mouvement mélancolique et au rebroussement narcissique qui le caractérise : en ne tombant pas dans le piège de l'autodestruction,

Freud (1915) a clairement mis en évidence de quelle manière en s'attaquant lui-même, le moi cherche à atteindre l'objet. Peut-être faudrait-il ajouter à cette construction une autre dimension en rapport avec ce qui nous intéresse aujourd'hui : la dédifférenciation entre le moi et l'objet évite la haine contre l'objet qu'elle englobe, elle évite la séparation entre eux deux puisque l'objet et le moi se confondent. Pas de séparation donc pas de perte : le triomphe maniaque n'est pas loin même si rôde sans cesse l'ombre de l'objet et le risque de se laisser emporter par lui vers la mort… La projection, en créant un écart entre moi et objet, trouve le motif de cette séparation, même si celle-ci s'établit au sein de limites facilement brouillées : elle permet de distinguer, d'identifier les protagonistes en insistant sur leur différence : « Ce n'est pas moi, c'est lui ! » Certes, le clivage et la projection sont à l'œuvre mais on aurait tort de ne pas leur accorder une fonction constructive, dès lors qu'elle est ponctuelle, surtout dans des situations psychiques où le mélange prévaut, comme dans les moments mélancoliques que j'évoquais à l'instant et dont la visée est clairement de nier la séparation même au prix de la destruction du moi et de l'objet. La projection peut constituer une issue possible à l'acharnement mélancolique et c'est par la séparation qu'elle instaure, que le dégagement devient possible. Ne l'oublions pas, l'objet naît dans la haine, c'est elle qui enclenche la procédure de différenciation.

Freud, dans la si célèbre séquence du jeu du *Fort-Da*, avait solidement planté les fondements essentiels de ces constructions. Voyez comment son petit-fils se débrouille avec sa ficelle et sa bobine, lorsque sa mère le quitte ! Cependant, sans la présence du grand-père, sans son attention à la fois distraite et concentrée, l'enfant aurait-il pu jouer ? Aurait-il pu se servir de sa ficelle s'il avait été livré à lui-même, perdu dans la solitude et l'abandon ? Aurait-il pu braver la réalité de l'absence de sa mère en l'inscrivant sur une autre scène dont il est le maître incontesté ?

Enfin, ne trouve-t-on pas, dans la situation analytique, une configuration fondamentalement analogue ? Les séparations colonisent et troublent tout processus analytique, elles sont inévitables, nécessaires, puissantes. Qu'elles soient réelles ou fantasmatiques, elles sont régulièrement convoquées dans le transfert : pas d'analyse sans que la séparation marque de son sceau la rencontre transférentielle dès les commencements. On pourrait même se demander si l'analyse ne relève pas d'une conquête de la capacité à se séparer dès lors qu'elle préside à toute opération de différenciation.

L'essentiel, pourtant revient à autre chose à mon avis, très précisément à la situation analytique elle-même : seule la présence effective de l'analyste et l'adresse qui s'organise dans les formes initiales et massives du transfert permettent que ce mouvement inaugure l'analyse. À l'instar de la présence de Freud qui permet à l'enfant d'envoyer très loin sa bobine et de jubiler à sa disparition au moins autant qu'à son retour, la présence de l'analyste près du patient permet de s'assurer du retour, de s'assurer de la survivance de la représentation de l'objet. En de telles occurrences, c'est la perception de la présence de l'analyste et de sa constance qui offre l'opportunité de « tout dire » sans excès de risque.

L'idée essentielle de *Au-delà du principe de plaisir* (1920) soutient que l'être humain ne serait pas toujours et seulement guidé par la recherche de la satisfaction et du plaisir, mais qu'il pourrait tout aussi bien être emporté par l'attraction du déplaisir et du mal-être. À propos du jeu de *Fort-Da*, Freud insiste d'abord sur la « grande performance culturelle de l'enfant » qui renonce à une satisfaction pulsionnelle : il peut désormais laisser partir sa mère sans se rebeller et s'en dédommage en mettant lui-même en scène la disparition et le retour. On entend bien que pouvoir se séparer en laissant partir la mère relève d'une victoire dont la vertu civilisatrice est permise par le renoncement pulsionnel et la séparation d'avec l'objet qui en assurait la satisfaction.

Le second point a trait au plaisir et au déplaisir : il est impossible que la séparation d'avec la mère soit agréable ou indifférente pour l'enfant. La question se pose alors de la contradiction entre le déplaisir d'une telle situation et la complaisance à la répéter dans le jeu. Mais l'essentiel revient au passage d'une situation *subie* (le départ de la mère imposé à l'enfant), c'est-à-dire d'une position passive, à une position active puisque c'est l'enfant qui préside à l'ordonnancement du jeu. Cela nous renvoie à une autre interprétation du jeu de la bobine : jeter l'objet au loin pourrait être une vengeance à l'égard de la mère, ou un défi par lequel l'enfant lui signifierait qu'il n'a pas besoin d'elle et qu'elle peut partir, à la limite même qu'il lui ordonne de partir : « Il [l'enfant] était passif, à la merci de l'événement, mais voici qu'en le répétant, aussi déplaisant qu'il soit, il assume un rôle actif » (*ibid*, p. 286).

Le changement de position renverse l'expérience en son contraire : abandonner plutôt que perdre, opposition de mots qu'une lecture attentive met en évidence dès *Deuil et mélancolie* (1915). Si le travail du deuil – c'est-à-dire de l'expérience d'avoir définitivement perdu un objet aimé consciemment identifié – relève d'un apprivoisement progressif de cette disparition par l'acceptation et la soumission à la perte, c'est bien la passivité qui en permet l'accès. Le déni, le désinvestissement progressif – détail par détail – de l'objet aimé perdu constituent les étapes indispensables de cette acceptation. La victoire finale est ambiguë : la réalité matérielle de la disparition de l'objet s'impose et l'emporte mais la capacité à retrouver l'objet perdu en représentation assure le triomphe possible de la réalité psychique.

Douleurs de la séparation

Reste la douleur… N'est-il pas remarquable qu'en 1926, Freud, en abordant cette question, s'interroge d'emblée sur les effets de la séparation d'avec l'objet comme si celle-ci était au fondement même de l'angoisse et de la condition humaine ? « Nous avons été forcés de dire que l'angoisse vient au danger de la perte d'objet. Or nous connaissons déjà une telle réaction à la perte d'objet, c'est le deuil. Alors quand vient-on à l'une, quand vient-on à l'autre ? [...] Que la séparation d'avec l'objet soit douloureuse nous paraît cependant aller de soi. Le problème se complique donc encore davantage : quand la séparation d'avec l'objet donne-t-elle de l'angoisse, quand donne-t-elle du deuil, et quand, peut-être, seulement de la douleur (p. 283) ? »

L'impossibilité du nourrisson à comprendre ou à expliquer l'absence de la mère n'est pas une situation de danger mais une situation traumatique : le surgissement de l'angoisse est déterminé par *la perte de la perception de l'objet éprouvée comme perte réelle de l'objet*. Une perte d'amour n'entre pas encore en compte. Plus tard, l'enfant fait une autre expérience : l'objet reste là mais peut se fâcher, si bien que surgit la peur de ne plus être aimé ce qui constitue un danger et une source d'angoisse. Selon Freud, la différence entre la situation traumatique de la naissance et celle de l'absence de la mère est que, dans la première, il n'y avait pas d'objet, et donc pas d'absence à redouter, alors que dans la seconde, l'expérience répétée des satisfactions a permis de créer l'objet qu'est la mère massivement investi en situation de besoin. C'est à cet état que se rapporte la douleur.

Voilà les distinctions que propose Freud : « La douleur est donc la véritable réaction à la perte d'objet, l'angoisse celle au danger que cette perte entraîne et, en un déplacement supplémentaire, au danger de la perte d'objet elle-même » (p. 284).

Quelle ressemblance peut-on dégager de la comparaison entre les conditions d'apparition de la douleur et de la séparation d'avec l'objet ? Dans le cas de la douleur corporelle, se produit un investissement narcissique très élevé de l'endroit du corps douloureux. De la même manière, la sensation douloureuse peut s'étendre par transfert au domaine du psychisme. Le surinvestissement de l'objet absent constituerait un état d'excitation inapaisable, augmentant sans cesse, si bien que les conditions économiques de cette douleur psychique seraient équivalentes de celles qui provoquent la douleur corporelle.

Ces constructions théoriques permettent d'appréhender la singularité des figures de la séparation : lorsque le passage de la perception à la représentation de l'objet absent est possible, le maintien vivant de l'objet perdu, *à l'intérieur* de la psyché, constitue un recours effectif, relativement solide et résistant. En tout cas, la permanence de l'investissement d'objet permettra, ultérieurement, que le détachement libidinal indispensable à l'élaboration de la perte puisse s'effectuer.

Lorsque l'investissement de l'objet reste soumis à la contrainte de la perception et que l'accession à la représentation s'en trouve affaiblie ou fluctuante, la dépendance se révèle dans ses aspects les plus aigus : la douleur de perdre peut alors envahir le moi, car l'absence et/ou la perte de l'objet, vécues comme autant d'effractions narcissiques insurmontables, maintiennent un haut degré d'excitation. Je souligne « un haut degré d'excitation » : la libido est là, toujours mobilisée en très fortes quantités même si l'agressivité investit tout autant la vie pulsionnelle. Au sein de ces configurations qui mettent essentiellement en jeu la perte effective de l'amour de l'objet, l'angoisse de séparation se situe en avant-poste, elle occupe une place de guetteur, anticipant le danger, le conjurant parfois en même temps : pour assurer cette fonction d'alarme, il faut bien avoir éprouvé psychiquement la perte d'objet et ses effets. Lorsque cette expérience n'a pas pu avoir lieu (et on pense bien sûr à ce que Winnicott décrit à propos de la crainte de l'effondrement), on peut comprendre le chaos engendré par l'angoisse lorsqu'aucune scène, aucune image ne peut, à un moment, la prendre en charge : l'alarme hurle alors l'affolement, la terreur et la détresse.

À la suite de Winnicott, c'est cette situation catastrophique qu'André Green analyse avec *Le complexe de la mère morte* (1980), que je rappelle brièvement : une transformation radicale de la vie psychique de l'enfant est déclenchée par un désinvestissement maternel brutal, traumatique, parce qu'il advient sans signes avant-coureurs, sans explication possible. Les effets de cette séparation vont être traités par le désinvestissement affectif et représentatif de l'objet maternel équivalent à « un meurtre psychique de l'objet » : ni la haine, ni la destructivité pulsionnelle n'interviennent dans cette opération dont le résultat est « la constitution d'un trou dans la trame des relations d'objet avec la mère » (1980, p. 231). Se met alors en place, par contre-investissement, une hyperactivité représentative qui tente de trouver, malgré tout, un sens au détournement de la mère. La contrainte de penser, l'effervescence psychique qu'elle produit, montrent la tension et l'effort pour maîtriser la situation traumatique, pour fermer la brèche d'un « je ne t'aime pas » ou « je ne t'aime plus » imprévisible mais dont la conséquence inévitable est une séparation douloureuse. L'activité du penser est alors essentiellement investie dans des opérations d'anticipation et de devinement – guettant les signes avant-coureurs de la catastrophe – afin de ne pas se laisser surprendre par le retour d'une telle effraction.

On peut élargir le complexe de la mère morte à toute construction mettant au jour un désinvestissement par l'objet, soudain, transitoire, imposant un changement drastique dans les modalités de relations d'objet et donc imposant brutalement une séparation d'avec ces modalités relationnelles. Toute situation suscitant une séparation portant atteinte au narcissisme, renvoyant finalement à un détournement du regard de la mère sur l'enfant peut engager cette construction précieuse par sa potentialité métaphorique. De cette séparation-là, déterminée non par l'absence physique de l'objet aimé, mais par le détournement de son regard – en tout cas dans l'expérience hallucinatoire qui nous en est transmise et qui se répète dans le transfert – nous trouvons les traces constantes : elles viennent marquer de leurs empreintes profondes les évènements psychiques invisibles dont les effets sont parfois aussi douloureux que ceux objectivement repérés et identifiés comme traumatiques.

Le complexe d'Œdipe : se séparer, encore

Je ne terminerai pas sans évoquer, même brièvement, l'épreuve de séparation qui, à mon avis, constitue l'acmée de cette problématique, je veux parler du complexe d'Œdipe et de ce qui, en amont et en aval, dans la dynamique de la psychosexualité, ordonne son déploiement.

En amont, la scène primitive et son caractère insupportable : être seul, séparé de ses objets d'amour, relève d'une expérience particulièrement difficile, nous le savons tous, et je ne fais que rappeler quelques éléments signifiants de cette situation paradigmatique. Mais être seul, séparé de ses objets d'amour alors que eux sont ensemble, réunis par le plaisir, insouciants d'autre chose, détournés de l'enfant… Voilà qui appelle une douleur inouïe et répète, dans une certaine mesure, l'état de détresse déclenché par une impuissance majeure et l'impossibilité de recours à l'un ou à l'autre. L'excitation est envahissante, la douleur aiguë, plusieurs voies sont possibles : s'immiscer dans la scène primitive, se confondre, se mélanger avec le couple ou encore, être là pour voir, pour maîtriser ce qui se passe et en tout cas ne perdre de vue ni l'un ni l'autre.

Ou bien, déplacer les protagonistes de cette scène qui sépare, renverser la situation – comme l'enfant à la bobine : séparer le couple, prendre la place de l'un ou de l'autre, et l'éloigner, le mettre à la porte. Ainsi le complexe d'Œdipe inscrit la réalisation de désir d'abord dans la séparation du couple parental. Séparation fantasmatique, il est vrai, mais qui n'en assure pas moins sa fonction différenciatrice indispensable à l'ambivalence qu'elle permet d'orchestrer. En effet, ce sont à la fois les jeux de l'ambivalence et ceux de la bisexualité qui permettent que se déploie et s'organise le complexe, bien nommé : l'amour et la haine, dans la liaison et la déliaison qu'ils maintiennent, s'attachent à l'une et à l'autre figure parentale, dans une alternance parfois douloureuse mais parfois étayante car l'appui sur l'une permet d'aborder le conflit avec l'autre. Les distributions pulsionnelles assurent ainsi les potentialités du renoncement imposé par le surmoi, un renoncement qui implique la capacité à se séparer. C'est bien cette capacité et ses atteintes qui fomentent les obstacles majeurs au dégagement œdipien, lorsque le fonctionnement psychique reste dépendant de ses objets externes et ne parvient pas à construire ou à maintenir la continuité des objets internes. Si la problématique œdipienne s'avère désorganisante et insoluble chez les états-limites, c'est bien parce qu'en amont, les séparations ont été impossibles et que la même impossibilité empêche la résolution, même partielle, du complexe d'Œdipe.

La bisexualité, elle, autorise les jeux identificatoires et les changements de places au sein de ce même théâtre œdipien : elle permet la construction de l'ambivalence, aimer l'un plutôt que l'autre, puis bousculer cette répartition pulsionnelle, haïr l'un plus que l'autre, et presque symétriquement, modifier encore les objets des pulsions, intervertir les mouvements d'amour et de haine en les assignant différemment selon les situations et les fantasmes. C'est par ce commerce que s'établit progressivement l'ambivalence au sens kleinien du terme : éprouver amour et haine pour le même objet.

En aval, le déclin du complexe d'Œdipe dont je rappelle les variantes des traductions : déclin, disparition, destruction du complexe d'Œdipe qui condensent, me semble-t-il, les différentes formes de séparation. Je n'entrerai pas dans les détails de ce mouvement si essentiel, différent chez les garçons et chez les filles, mais qui, en dépit de son inachèvement, témoigne de l'inscription effective des interdits. Or ceux-ci sont les porte-parole de la séparation : le tabou de l'inceste est littéralement le tabou du non-séparé. S'opère un nouveau changement de place : ce n'est plus le couple qui est séparé par l'enfant, c'est l'enfant qui s'éloigne, activement. Lorsque, au décours de l'adolescence et de la reviviscence œdipienne, le déplacement vers de nouveaux objets d'amour s'ébauche puis se déploie, c'est l'enfant, aujourd'hui adolescent ou jeune adulte qui se sépare, il est l'auteur de cette séparation et plus seulement sa victime, il n'est plus celui qui perd, il est celui qui part, qui abandonne. Je pense que ces trois scènes – en les stigmatisant bien sûr – montrent la dialectique des mouvements séparateurs : l'exclusion douloureuse de la scène primitive, la séparation du couple parental et, enfin, l'éloignement et la coupure avec l'entrée dans la sexualité de la vie amoureuse. Que se conjuguent les différents motifs de l'angoisse de séparation sous l'égide du déclin de l'Œdipe est une évidence : à l'origine des interdits et du surmoi, c'est bien l'angoisse de perdre l'amour de la part de l'objet qui conduit à l'abandon des désirs œdipiens, mais c'est aussi l'angoisse de castration qui en constitue un facteur déterminant, sans compter le risque de la retaliation et l'angoisse de mort associée au vœu parricide.

Revenons à l'étymologie du mot sexualité : elle met en évidence l'ambiguïté voire le paradoxe de « séparer » et d' « accompagner ». C'est sur la nécessité de maintenir cette ambiguïté que je vais conclure pour dire justement que ce qui sépare, ce qui différencie donc dans les qualifications inhérentes à la séparation, offre la voie d'accompagnement la plus précieuse. Accompagner c'est être à côté, comme l'analyste à côté et aux côtés de l'analysant, c'est être différent aussi, c'est-à-dire ne pas se confondre, ne pas se mélanger, ne pas se substituer. Accompagner, être à côté, c'est donc s'être séparé.

Bibliographie

Freud, S. 1915. « Deuil et mélancolie », dans *Métapsychologie, Œuvres complètes*, t. XIII, Paris, Puf, 1988, p. 259-278.

Freud, S. 1920. « Au delà du principe de plaisir », dans *Œuvres complètes,* t. XV, Paris, Puf, 1996, p. 273-339.

Freud, S. 1926. « Angoisse, douleur et deuil », Inhibition, symptôme et angoisse « Suppléments », dans *Œuvres complètes* t. XVII, Paris, Puf, 1992, p. 271-287.

Green, A. 1980. « La mère morte », dans *Narcissisme de vie, narcissisme de mort,* Paris, Éditions de Minuit, coll. « Critique », 1983, p. 222-253.

Klein, M. 1921-1945. *Essais de psychanalyse*, Paris, Puf, 1967.

Mahler, M. ; Pine, F. ; Bergman, A. 1975. *La naissance psychologique de l'être humain. Symbiose et individuation*, Paris, Payot, 1980.

Rank, O. 1924. *Le traumatisme de la naissance*, Paris, Payot, 1976.

Winnicott, D.W. 1974. « La crainte de l'effondrement », *Nouvelle revue de psychanalyse*, « Figures du vide », n° 11, 1975, p. 35-44. Nouvelle traduction dans *La crainte de l'effondrement et autres situations cliniques,* Paris, Gallimard, 2000.

L'antique terre natale : nostalgie, inquiétante étrangeté et dialectique fusion/séparation

Sylvain Missonnier

« Si vous deviez mourir maintenant et être conçu à nouveau cette nuit, dans quelle femme choisiriez-vous de passer les neuf premiers mois de votre prochaine vie ? »

Avec cette demande, Ronald David Laing (1977), donne une version radicale et générique du fantasme originaire de retour dans le ventre maternel. On y entend une multitude de possibles dans une

---

Sylvain Missonnier, professeur de psychologie clinique de la périnatalité et de la première enfance à l'université Paris-Descartes, directeur du Laboratoire de psychologie clinique et de psychopathologie, psychologue, psychanalyste SPP.

grande tension paradoxale qui caractérise le ressenti ambivalent de cette question, à mi-chemin entre attraction et répulsion :

– *A priori*, il s'agit d'une interrogation d'un adulte qui connaît la finitude humaine et les règles biologiques de la procréation… mais on ne sait décidément pas si l'interlocuteur va répondre :
« Bien sûr, ma mère, on ne change pas une équipe qui gagne ! »,
ou « Une telle, qui comme je le constate aujourd'hui, serait la plus aimante des mères »,
ou encore : « Oh écoutez, je ne sais vraiment pas et je vais réfléchir »
et, enfin : « Je n'ai pas de temps à perdre avec une devinette pareille ! »
Entre nostalgie monopolistique de la maison-mère, possibles conquêtes exotiques de nouveaux habitats et évitement phobique, la libido s'exprime en tout cas entre interdit et transgression de l'inceste.

– Mais on entend aussi dans le questionnement de cette citation la pertinente incongruité de l'infantile qui ose poser la question telle quelle en échappant furtivement au refoulement et à la pression du surmoi : d'abord, avec l'affirmation explicite que ce fantasme n'est pas celui du retour dans le « sein maternel » externe et aérien, mais bien celui « du ventre maternel » interne et liquidien. Freud dit sans ambages *mutterleib*, ventre maternel, et il est représentatif du traitement défensif coutumier à l'égard de cette intériorité matricielle de constater que les traducteurs de Freud traduisent par « sein maternel ». Cet écart métaphorique est typique de la tradition chrétienne où la souche hébraïque est continûment gommée : en hébreu *rahamim*, est clairement issu du mot *rehem*, ventre maternel, utérus, dont il est le « pluriel de plénitude » comme attribut de piété, de miséricorde et de tendresse de Dieu (merci à Jessica Shulz pour son précieux éclairage). Traduire *rahamin* par seins maternels (*shadaïm* en hébreu) est typiquement un déplacement. L'infantile est aussi présent dans les propos de Laing avec l'idée que la suprême angoisse de castration de la séparation de la mort, peut être magiquement annulée et donner lieu à une renaissance terrestre. On le retrouve enfin dans la revendication fantasmatique toute puissante du choix de sa mère utérine en lieu et place du trop humain « on ne choisit pas ses parents ». La suppression pure et simple du rival œdipien et de la scène originaire est bien dans l'esprit de cet infantile. C'est en effet, une théorie sexuelle avantageuse pour un petit garçon de décider dans quelle Maman il va pénétrer, habiter pour croître et prendre forme humaine dans un auto-érotisme que ne troublera pas l'ennemi sexuel. C'est même un roman familial typique d'une filiation divine : le fils de Dieu a fait le coup avant lui avec l'*Immaculée Conception* ! Pour autant, à l'inverse, nous avons appris avec les commentaires de Freud sur le désir de l'*Homme aux loups* de rentrer dans le corps de la mère, qu'il ne s'agit pas simplement du désir « de fuir le monde » et de renaître mais aussi possiblement d'un désir homosexuel « d'y rencontrer, dans le coït, son père, d'obtenir de lui la satisfaction sexuelle et de lui donner un enfant » écrit Freud (1918). Mais, il y a aussi et enfin dans cette citation de Laing, toute la force évocatrice de l'après-coup nostalgique de la fusion et, partant, le point de départ dynamique de la fascination pour le traumatisme de la séparation de la naissance comme matrice de l'angoisse dont on sait combien Otto Rank et Freud vont partager initialement l'attraction dans la fusion intellectuelle puis, secondairement, la conflictuelle séparation.

Au fond, vous le pressentiez, la constellation d'éléments mêlés d'effroi et de familiarité de cette citation correspond typiquement à celle que Freud (1919) décrit dans son essai *L'inquiétante étrangeté* (*L'inquiétant* dans la dernière traduction du collectif de Laplanche). Plus précisément, il s'agit spécifiquement de l'attraction/répulsion de l'humain confronté à « l'entrée de l'antique terre natale du petit d'homme, du lieu dans lequel chacun a séjourné une fois et d'abord ». Cette citation agit en effet comme un activateur projectif donnant une grande actualité à ce que Freud nomme des « convictions primitives dépassées » des complexes infantiles refoulés en général et du désir incestueux en particulier. Choisir dans la toute puissance un habitat utérin pour échapper à la mort et renaître vient mettre en exergue le désir incestueux au cœur de la libido non incestueuse. L'espace qui sépare les représentations d'utérus-mère et d'utérus-femme est celui de la transgression et de l'interdit de l'inceste.

« L'amour est le mal du pays (natal) *[heimweh]* » affirme Freud sans détour dans un raccourci saisissant ! Au quotidien, la principale caractéristique de cette nostalgie pour le pays natal (*heimat*) est la répétition souligne Freud. Pour autant, précise-t-il, l'impression de nouveauté qui l'accompagne dans la récurrence est illusoire : « *Unheimlich* n'est en réalité rien de nouveau ou d'étranger, mais quelque chose qui est pour la vie psychique familier de tout temps, et qui ne lui est devenu étranger que par le processus de refoulement. » Et, dans ce cadre de compulsion de répétition, ce sentiment commémore des « phases isolées de l'histoire de l'évolution du sentiment du moi, d'une régression à des époques où le moi ne s'était pas encore nettement délimité par rapport au monde extérieur et à autrui ».

Fantasmes originaires

Dans la série des fantasmes originaires (vie intra-utérine, scène originaire, castration, séduction), le fantasme de retour dans le ventre maternel, est le moins prisé des psychanalystes ce qui semble bien cohérent avec le refoulement opiniâtre qu'il impose face à sa valence incestueuse. Dans sa première évocation en 1915 dans sa *Communication d'un cas de paranoïa en contradiction avec la théorie psychanalytique*, Freud n'y fait pas référence se concentrant sur les déjà stars : scène originaire, séduction, castration.

C'est dans *L'homme aux loups* (1918) et dans *L'inquiétante étrangeté* (1919) que Freud est le plus prolixe sur le fantasme originaire de retour dans le ventre maternel où il réunit certains des éléments que nous venons de rappeler à partir de la citation de Laing. Dans ses textes clefs sur l'angoisse (la XXVe conférence, 1917 ; *Inhibition, symptôme et angoisse*, 1926, et la XXIIe conférence, 1932), le fantasme n'est pas explicitement présent mais en filigrane du débat sur le traumatisme de la naissance et de l'hypothétique « angoisse » du nouveau-né pour qui, selon Freud, la mère n'est pas encore un objet. Plongé dans le désarroi (« le désaide initial », « l'impuissance originelle »), le nouveau-né accède à l'expérience de satisfaction avec « l'action spécifique » de « l'être-humain-proche », le *nebenmensch.* « Ce n'est pas la personne, mais la fonction qui importe parce que la personne n'est pas alors constituée comme telle » (Mérot, 2010). À la naissance, la mère n'est encore pas un objet pour le fœtus/nouveau-né.

Cela vaut la peine de revisiter le détail du texte freudien de 1926 : « Cette coïncidence frappante : que l'angoisse de la naissance, aussi bien que l'angoisse du nourrisson ait pour condition déterminante la séparation de la mère, ne nécessite pas une interprétation psychologique ; le fait biologique suivant l'explique assez simplement : la mère qui d'abord avait satisfait tous les besoins du fœtus par les dispositifs somatiques de la grossesse, continue après la naissance encore, à remplir la même fonction, encore que partiellement par d'autres moyens. La vie intra-utérine et la première enfance sont bien plus en continuité que ne nous le laisse croire la césure frappante de l'acte de la naissance. L'objet maternel psychique remplace pour l'enfant la situation fœtale biologique. Ce n'est pas une raison pour oublier que dans la vie intra-utérine la mère n'était pas un objet pour le fœtus, et qu'il n'y avait alors pas d'objet. »

Pour argumenter sa critique du traumatisme de la naissance de Rank comme matrice de l'angoisse toute la vie durant, Freud refuse d'accorder au fœtus une anticipation psychologique des dangers de la naissance : « Le fœtus ne peut rien enregistrer d'autre qu'une perturbation considérable dans l'économie de sa libido narcissique. De grandes quantités d'excitations lui parviennent, sources de sensations de déplaisir nouvelles ; de nombreux organes obtiennent de force une augmentation des investissements, sorte de prélude de l'investissement d'objet qui va bientôt commencer. » Le fœtus est dans le seul registre biologique de la douleur (la seule préforme sensorielle physiologique de l'angoisse) ; le nourrisson à travers l'expérience de situations de satisfactions répétées crée l'objet qu'est la mère, actrice principale des actions spécifiques et va conquérir l'angoisse psychologique.

Victoires de la séparation… donc mais parfois, répétitions de douleurs catastrophiques.

Mme N.

« Tout au long de ses deux premières échographies (12 et 22 semaines d'aménorrhée), Mme N. m'a parlé avec insistance de ses terribles craintes de l'accouchement. Elle est complètement tétanisée sur ce point. Je lui ai parlé de toi lors du premier examen et à la dernière écho, elle a accepté de te rencontrer. » C'est en ces termes qu'une échographiste m'évoque Mme N. pour la première fois. Dans le cadre des échanges interdisciplinaires entre échographistes et psychologues initiés au départ par la recherche-action, notre équipe a progressivement donné à l'examen échographique « tout venant », une possible dimension d'accueil de la parentalité en souffrance et des dysharmonies relationnelles précoces parents/fœtus/bébé. La salle d'attente de mes consultations se trouve à l'étage de la maternité où l'incessant ballet des soignants, des parturientes et des visiteurs signe, avec les vocalises des bébés, une incontournable atmosphère d'après naissance. À peine assise dans mon bureau, Mme N. me signale qu'elle est arrivée avec un bon quart d'heure d'avance et qu'elle vient justement de « vivre un cauchemar ». « Je n'y arriverai jamais. » « Pour en arriver là, il faut d'abord avoir accouché et ça, c'est vraiment impossible pour moi. » Le décor est ainsi rapidement planté. Mme N., une jeune primipare, enceinte de six mois, a bien souhaité avec son ami avoir un enfant mais, sa « peur panique » des « douleurs » l'accouchement augmentant, elle en arrive à regretter ce projet qui tient désormais plus à cœur à son conjoint qu'à elle-même. Ce qui me frappe dans la présence de Mme N., c'est que sa plainte verbale explicite, quoique forte, est supplantée en intensité par ce que je ressens de son malaise somatique : elle est rouge avec une tache écarlate dans le bas du cou et probablement la poitrine. Elle est en apnée quand elle parle avec un flux tendu et frôle l'hyperventilation lors de pauses imposées par le manque d'air. Inquiète, elle évite mon regard mais son observation en vision périphérique trahit son hypervigilance qui lui fait changer de position en écho dès que j'esquisse le moindre mouvement.

Quand j'invite Mme N. à me livrer sa vision de cette « peur panique », elle reste sans mot. L'idée même qui sous-tend mon interrogation – qu'elle puisse disposer d'une théorie sur cette peur – semble lui paraître d'une totale incongruité. Après un long silence où son habillement de collégienne sage me frappe avec un ensemble bleu et des chaussures plates qui m'évoquent les tenues des pensionnaires d'autrefois, elle me répond sur un ton subitement très régressif : « Non, je ne sais pas du tout et c'est justement pour ça que j'ai accepté de vous rencontrer pour que vous me disiez ce qui ne va pas. » À la fin de sa phrase, elle se met dans une attitude d'attente passive de questions sur le mode d'un « interrogatoire » médical ou scolaire.

Non, sa propre mère n'a pas connu d'accouchement difficile et véhiculé un discours alarmiste sur ce point. Ce ne sont ni des souvenirs, ni certaines images précises ou un contexte particulier qui favorisent cette appréhension : « depuis que je sens mon enfant dans mon ventre, je stresse tout le temps en pensant à la douleur de l'accouchement, quand il va devoir sortir ». Une de ses amies a accouché récemment sous péridurale mais elle a dû affronter en début de travail des contractions « très douloureuses ». Mme N. n'attend donc rien de bon d'une quelconque analgésie à l'exception d'une seule, radicale : « j'aimerai vraiment avoir une césarienne sous anesthésie générale et ne pas être là du tout ». À l'issue de cette première rencontre, Mme N. est poliment intéressée par ma proposition de mener ensemble une enquête « pour tenter d'explorer plus avant ses craintes ». Je l'invite donc, en compagnie de son conjoint si elle le souhaite, à poursuivre. Sur le seuil de la porte, Mme N. regarde avec attention si « elle n'a rien oublié » puis me demande si elle doit passer de nouveau à l'accueil avant le prochain rendez-vous pour finalement me demander où se trouve la borne de paiement pour le parking. Je la salue répétitivement ressentant une grande adhésivité de sa part. Elle est écarlate à nouveau.

Au deuxième rendez-vous, Mme N. a dix minutes d'avance. En ouverture, elle m'affirme tout de go avec une certaine fierté infantile « ne pas avoir avancé du tout » sur sa peur d'accoucher. Comme une enfant qui parle d'un parent, elle ajoute que, son mari, soumis à des horaires de travail très contraignants, n'a pas pu venir mais il souhaite qu'elle me raconte « ce qui s'est passé autrefois ».

Je suis subitement frappé par la distance entre moi et elle : avec dextérité, Mme N. a rapproché d'un bon mètre la chaise de la mienne avant de s'asseoir. Intérieurement, je me dis que j'ai rarement senti avec autant d'intensité le poids d'un appui anaclitique. En se cachant derrière la recommandation maritale, Mme N. me raconte avec une attitude d'élève concentrée qui récite sa leçon. J'apprends ainsi sur un ton anodin qu'elle a vécu seule avec sa mère jusqu'à l'âge de 19 ans. Son père les a « laissées tomber » quand elle avait « quelque mois ». Il était très jeune et, à l'occasion d'une permission lors du service militaire, il a rencontré une autre femme et a disparu. Sur un ton plus affecté mais sombre, Mme N. me dit que sa mère et elle ont vécu dans un « collé serré très fort » : habitant dans un studio jusqu'à ses 11 ans, elles dormaient ensemble. Quand la situation financière s'est améliorée, un déménagement dans un deux pièces a permis une certaine indépendance. Très relative pourtant, car quand elle n'arrivait pas à s'endormir, elle partageait encore le lit de sa mère qui ne s'est jamais remariée.

« Ma mère et moi on ne faisait qu'un : elle n'avait rien d'autre dans sa vie que moi et, si je m'intéressais à l'extérieur, j'avais l'impression de la trahir, de lui faire très mal. C'est pour ça, j'ai pris l'habitude de ne jamais lui parler de ce que je faisais dehors. D'ailleurs, il n'y avait pas grand chose à raconter… » De nouveau, je suis frappé par mon sentiment d'oppression face à Mme N., ma respiration devient consciente face à la sienne qui est irrégulière avec notamment des suspensions qui me paraissent bien longues puis des reprises sur le mode de l'urgence. Comme pour me dégager défensivement de cette pesanteur claustrophobe, je lui demande si elle a revu son père. Son père ? Elle ne l'a revu qu'après son mariage à deux reprises grâce aux encouragements de son mari. Il a refait sa vie, il a deux fils. Ces derniers propos sont formulés sur un ton faussement trivial et ponctués de nombreux « voilà tout ! » qui m'invitent à ne pas traîner sur ce sujet et à ne pas m'attarder dans l'exploration de sa rage mal contenue à son égard. Alors que le silence s'installe après cette évocation paternelle et cette réaction de fermeture, Mme N. se touche le ventre avec insistance et fait des grimaces exprimant un ressenti douloureux. Face à mon visage interrogatif, elle me dit sur un ton d'évidence que sa mère lui fait des massages qui l'apaisent beaucoup. Je lui demande surpris : « Votre mère est chez vous ? » Elle me répond que oui et « qu'elle est à la fois très contente de faire la petite fille mais aussi très irritée de cette présence qui lui donne l'impression qu'elle a besoin d'elle ». Son mari était contre la venue de sa mère mais rajoute-t-elle avec fatalisme : « il sait bien que je ne peux pas m'en passer ». Cinq minutes après la fin de l'entretien, Mme N. frappe à mon bureau où je suis avec une famille en consultation : elle ne retrouve plus son ticket de parking et se demande si elle l'a perdu chez moi. Nous ne le retrouvons pas. Mme N. est écarlate.

Au troisième entretien, Mme N. réaffirme avec force être toujours sous l'emprise constante de sa crainte envahissante des douleurs de l'accouchement. Pourtant, elle est fière d'avoir vu, blottie dans les bras de son mari, à la télé un reportage où on voyait un accouchement. « J'ai même regardé le moment où le bébé est parti » me dit-elle. Surjouant alors mon étonnement anxieux, je reformule interrogatif : « le bébé est parti ? » Après, un contact visuel franc, et un sourire esquissé qui injecte une pointe d'humour réflexif, Mme N. m'explique qu'elle fait allusion au moment où le bébé sort du ventre de sa mère mais que je me rassure, il ne va pas bien loin et que le papa le suit pour son premier bain… Le rayon de soleil m'apparaît furtif et Mme N. associe aussitôt sur le fait qu'elle a dû venir deux fois aux urgences de la maternité pour de fortes « douleurs abdominales » que les massages de sa mère n'ont pas réussi à calmer. Après divers examens, ces douleurs sont intitulées « ligamentaires » et ne donnent lieu à aucune inquiétude médicale. Cette « incompréhension » médicale a beaucoup irrité Mme N. qui était convaincue d'être hospitalisée… Après un silence, Mme N. rajoute avec ce ton de petite fille météoriquement espiègle mais résolument invasive que je commençais à pressentir : « Comme ça j'aurais été chez vous (elle montre du doigt le sol de mon bureau), on aurait pu se voir plus souvent ! » Puis revenant très vite à un ton plus mature et rageur, elle poursuit : « ma mère me dit aussi que ces douleurs ne sont pas pathologiques et qu'elle peut tout à fait les soigner avec ses massages ». Elle rajoute : « Elle me disait pareil avec mon eczéma et quand j'ai enfin consulté un spécialiste à 14 ans, elle a bien dû convenir que j'étais réellement malade. » J'apprends à cette occasion que Mme N. a le souvenir d'avoir toujours eu des plaques d'eczéma sur tout le corps et que sa mère à l'adolescence la pommadait matin et soir avec des crèmes à la cortisone.

Mme N. exprime alors de grandes difficultés pour mettre en mots son ressenti. De nouveau, sa respiration devient saccadée, ses rougeurs apparaissent. Elle esquisse combien elle se sent « engloutie » quand elle partage le même espace que sa mère tout en ayant le sentiment que c'est impossible de s'éloigner d'elle. Ce sentiment l'habite du plus profond de sa mémoire. Mme N. me regarde avec des grands yeux ronds. Intérieurement, je me dis subitement que je mesure la limite de l'adjectif adhésif pour qualifier sa présence et que le terme de pénétrance est bien plus adapté. Cette aspiration de Mme N. d'être en moi (« d'être chez moi ») m'évoque à ce moment précis, Georgette, la patiente de Joyce Mc Dougall qui lui inspire les précieuses formulations de « transfert osmotique » et de « fantasme d'un corps pour deux » (1989). Vient ensuite, Pierre Marty et sa méconnue « relation objectale allergique » (1958) où le patient, commémorant une fixation archaïque prénatale s'identifie au thérapeute « au sens d'interpénétration » et « n'a qu'un seul désir, unique, et capital : se rapprocher le plus possible de l'objet jusqu'à se confondre avec lui ». Mais cette fois, « transfert osmotique » et « relation objectale allergique » ne sont pas intellectualisés à partir d'une rencontre livresque distanciée : c'est bien la massivité du transfert de Mme N. qui me force à ressentir dans mon corps cette invasion fusionnelle. Alors que je m'attendais à de nouvelles péripéties à la fin de la séance qui sanctionnent l'éprouvante séparation, rien ne se passe… ce qui me permet en prenant quelques notes, de réaliser enfin que Mme N. a un parfum qui persiste bien longtemps après son départ. Je conçois à cette occasion que le parfum pénètre résolument à l'intérieur et met en exergue un commerce aérien bien intime.

Si j'avais à définir la trajectoire des six séances suivantes jusqu'à la naissance, je dirai que les douleurs ligamentaires de Mme N. ont pris petit à petit le pas sur sa peur panique des douleurs de la séparation de l'accouchement. Sa participation à des séances de préparation à la naissance avec une sage-femme que je lui avais recommandée (et dont je connaissais les qualités de femme bisexuée et de mère « suffisamment faible ») n'était pas étrangère à cette mutation. Une piste émergeait peu à peu dans notre espace : les douleurs ligamentaires – dans la mesure où sa hargne contre elles étaient l'objet d'une hospitalité bienveillante – offraient un miroir réflexif propice à une mise en récit intersubjective. L'affectation de sa plainte à leur égard lui permettait de rompre avec sa passivité initiale face à une mère archaïque toute puissante, et ainsi, de soutenir son insertion dans notre dialogue : leur évocation en début de séance, constituait un rituel introductif efficient pour affronter le transfert et le vertige biographique ; la douleur ligamentaire, en accord avec son étymologie – en latin, *ligamentum* signifie « lien » –, remplissait son office. À plusieurs reprises, je ressentis le plaisir musical que je ressens avec quelques bons morceaux affectionnés de *blues* où les peines des champs de coton de la vie sont désamorcées. Le discours sur ses douleurs abdo-minales dévoila peu à peu leurs virtualités subjectivantes. Grâce à elles, Mme N. entreprend une exploration inédite de son enfance dyadique. Il y avait une mère idéalisée, d'une disponibilité parfaite et une mère carcérale déniant le reste du monde en général et toute évocation aimante ou rageuse envers son père absent. Mais, l'une et l'autre ne semblent ne faire qu'un. Progressivement s'est imposé à moi l'hypothèse que son eczéma d'autrefois et ses craintes initiales de douleurs de l'accouchement constituaient une parade psychosomatique archaïque face à cette absence de clivage entre bonne et mauvaise mère. Joyce MacDougall écrit au sujet de Georgette : « nous pourrions supposer que les images d'une mère qui incarne la vie et une autre qui est une menace de mort ont fusionné, n'ayant jamais subi le clivage normal de l'enfance entre objet bénéfique et objet maléfique ». *A contrario*, les douleurs ligamentaires me semblaient constituer une nouvelle alternative synonyme de promesses de différentiation et de « tiercéité » (Green, 1990) recomposée.

Dans la reconstruction de ce huis clos fusionnel avec sa mère, les règles douloureuses s'imposèrent après-coup comme un autre espace de dégagement anticipant celui des douleurs ligamentaires d'aujourd'hui. Ces règles douloureuses lui permettaient autrefois de ne pas aller au lycée et de rester seule à la maison, sa mère travaillant. Ces absences scolaires représentaient un territoire identitaire inaliénable en compagnie des rares photos de son père et de romans fleuves où, dit-elle, le prince charmant enlève la belle. Avec une troublante émotion, Mme N. se remémora les « délices » de ces journées alitées en évoquant ses rêveries romantiques lors de ses moments de libération de l'enfermement dyadique. À en croire ma partition sensorielle en séance, les règles douloureuses comme les douleurs abdominales contrastaient nettement avec l'eczéma car elles permettaient à Mme N. et à moi-même de nous distancier de son fantasme « d'un corps pour deux ». Didier Anzieu (1985) parlait lui du fantasme d'une peau commune : je sentais la passion de Mme N. pour cet habitat commun avec moins de pesanteur. Un rêve mettant en scène un père aimant venant la voir à la maternité après la naissance a marqué un moment fort de notre cheminement et de la tonalité transférentielle. « C'est vraiment drôle, quand je me suis réveillée, j'ai pensé que cet homme ressemblait un peu à mon père mais aussi à mon mari mais, c'est bizarre, ça se passait ici dans votre bureau ! » Vers le début du neuvième mois, les douleurs n'apparaissaient plus dans son discours. À la dernière échographie, le couple avait, contrairement à précédemment, demandé à connaître le sexe de leur enfant. Ils attendaient un petit garçon. C'est lui qui occupait désormais l'essentiel des pensées de Mme N. Fait notable s'il en est, elle appela son père pour lui annoncer la nouvelle du sexe de son enfant. En dépit des réticences de sa mère, un repas en présence de ses deux parents et de son conjoint inaugura une nouvelle alliance filiale. Il fait des efforts pour « rattraper le temps perdu, me dit-elle, mais je lui en veux encore beaucoup de son “abandon” ». Le ton était explicitement affecté, engagé et rageur ce qui contrastait beaucoup avec les propos distanciés et la position passive au départ.

Mme N. a accouché par voie basse après un travail assez long et douloureux. La péridurale qu'elle avait souhaitée a, dit-elle, « moyennement marché ». Quand je suis passé dans la chambre le lendemain de la naissance, M. N. m'affirma avec beaucoup de fierté que sa femme avait été très courageuse. Mme N. traversa un peu plus tard un *post partum blues* assez vif qui réactualisa la douleur sourde avant de se métamorphoser en une préoccupation ligamentaire primaire ajustée avec son fils. Deux rendez-vous parents-bébé, un et six mois après la naissance, confirmèrent cette évolution favorable et l'efficacité symbolique différentiatrice de M. N.

Se différencier et se séparer

Au fond, cette illustration clinique met singulièrement en exergue la fécondité du paradoxe de la menace prénatale de la douleur de l'enfantement : elle est rejet et appel de l'altérité. D'abord, telle une Gorgone effrayante, l'évocation de la douleur à venir, isole absolument. Elle est muette car elle prive l'individu de son statut de sujet le coupant de toute symbolisation et le condamnant à subir, dans une grande solitude, une suspension passive de la conscience. La menace de la douleur extrême, écrit Paul Ricœur (1994), correspond à une rupture. Elle initie sur sa victime une « impuissance » à dire, à faire et à s'estimer soi même qui se cristallise, *in fine*, dans un « désastre du narratif ». Mme N. donnait à entendre en creux cet inénarrable avec sa position passive et sa « peur panique de la douleur de l'accouchement ». Dans sa démesure, elle illustrait le caractère non psychiquement contenable de la douleur brute de l'empiétement de son enfance. Contrairement à l'effroi paralysant et irreprésentable des douleurs de séparation de l'accouchement à venir et de l'eczéma, les douleurs ligamentaires offrent une voie de dégagement, promesse d'angoisses de séparation élaborables. Ambassadrices dynamiques de son aspiration identitaire se rebellant contre le fantasme maternel d'un corps pour deux, elles jettent un pont entre la douleur impensable et la souffrance partagée, entre la douleur traumatique et l'angoisse signal, dirait le Freud d'*Inhibition, symptôme et angoisse* (1926) et de la 32e conférence (1932).

La crise périnatale met à jour les conflits de séparation des plus archaïques aux plus élaborés. Chez la femme devenant mère, le « natal » ressurgit. Dans le cadre de cette réactualisation maternelle, la « transformation de l'investissement narcissique en investissement d'objet » de l'enfant de la grossesse s'accompagne d'une réédition du « passage de la douleur corporelle à la douleur psychique » qui culmine avec l'accouchement. Selon l'histoire individuelle, conjugale et générationnelle de chaque femme, la maturation de la gestation bio-psychique de l'enfant à naître s'exprime, notamment, dans le mûrissement de l'anticipation prénatale de l'enfantement. Ce processus se caractérise par un dynamisme singulier et évolutif entre les polarités narcissiques (la douleur de soi) et objectale (l'angoisse signal de l'altérité du nouveau-né). Le cheminement de Mme N. dans ce domaine illustre combien la commémoration de ce parcours originaire peut insuffler une douleur inénarrable « dont l'expérience n'a pas encore été éprouvée » dirait Winnicott (1974), ni « contenue » et « rêvée » formulerait Bion (1962), tous deux jetant les bases de ce que Roussillon décrit aujourd'hui avec « les restes » inélaborés de la « symbolisation primaire » (1999). Si le « miroir primaire » de Mme N. n'a pas permis l'apprivoisement de la séparation, si les restes maternels sont chez elle sources compulsives de répétition, la mise en récit et en sens est muselée et l'attente douloureuse de l'accouchement suspend l'élaboration de l'accueil du nouveau-né. Ici, la passion de la fusion primitive, le fantasme invasif de séjour ininterrompu dans le ventre maternel, vient suspendre le temps et les prémisses de l'investissement objectal de l'enfant à naître que j'ai exploré avec la proposition de relation d'objet virtuelle (Missonnier, 2009). Grâce à des liens interdisciplinaires à la maternité favorisant la reconnaissance et l'élaboration de ce piège, Mme N. a pu bénéficier d'un espace de consultation thérapeutique pour lier sa peur panique initiale de la douleur de la séparation de l'accouchement. Le passage de la douleur impensable de l'accouchement accompagné du corps à corps des massages maternels aux douleurs ligamentaires, verbalement partageables, témoigne de ce chemin qui va d'un travail douloureux de différentiation à l'esquisse d'un travail de deuil de séparation. Je crois en effet très heureuse et cliniquement clarificatrice, cette distinction de Jean-Michel Quinodoz (1991) entre angoisses initiales de différentiation d'une époque où les limites entre le Moi et l'objet ne sont pas établies et angoisses ultérieures de séparation entre des sujets constitués. Les fantasmes de retour dans le ventre maternel accompagnent comme une ombre les vicissitudes du travail de différentiation et de séparation et j'espère en avoir suggéré ici, l'intérêt d'en cerner les subtiles partitions dans la clinique du transfert à tous les âges de la vie.

Bibliographie

Anzieu, D. 1985. *Le moi-peau*, Paris, Dunod.

Bion, W. 1962. *Aux sources de l'expérience*, Paris, Puf, 1979.

Freud, S. 1895. « De l'esquisse d'une psychologie scientifique », dans *La naissance de la psychanalyse*, Paris, Puf, 1979.

Freud, S. 1915. « Un cas de paranoïa en contradiction avec la théorie psychanalytique », dans *Névrose, psychose et perversion*, Paris, Puf, 1973.

Freud, S. 1918. « Extrait de l'histoire d'une névrose infantile (L'homme aux loups) », dans *Cinq Psychanalyses*, Paris, Puf, 1984.

Freud, S. 1919. *L'inquiétante étrangeté*, Essais de psychanalyse appliquée, Paris, Gallimard, 1976.

Freud, S. 1926. *Inhibition, symptôme et angoisse*, Paris, Puf, 1981.

Freud, S. 1932. « XXXIIe conférence : Angoisse et vie pulsionnelle », dans *Nouvelles conférences d'introduction à la psychanalyse*, Paris, Gallimard, 1984.

Freud, S. 1917. « XXVe conférence : L'angoisse », dans *Conférences d'introduction à la psychanalyse*, Paris, Gallimard, 1999.

Green, A. 1990. « De la tiercéité », dans *La psychanalyse ; Questions pour demain*, Monographie de la *Revue française de psychanalyse*, Paris, Puf.

Quinodoz, J.M. 1991. *La solitude apprivoisée*, Paris, Puf.

Laing, R.D. 1977. *Les faits de la vie*, Paris, Stock/Monde Ouvert.

McDougall, J. 1986. « Un corps pour deux », dans A. Mijola (sous la direction de), *Corps et histoire*, Paris, Les belles Lettres, 1986, p. 9-43.

McDougall, J. 1989. *Théâtre du corps*, Paris, Gallimard.

Marty, P. 1958. « La relation d'objet allergique », *Revue française de psychanalyse*, vol. 22, n° 1, 1958.

Mérot P. 2010. « Trace du maternel dans le religieux », Rapport au 71e congrès des psychanalystes de langue française, *Bulletin de la Société de psychanalyse de Paris*, n° 98, p. 101-191.

Missonnier, S. 1999. *Devenir parent, naître humain. La diagonale du virtuel*, Paris, Puf.

Ricœur, P. « La souffrance n'est pas la douleur », *Souffrances, corps et âme, épreuves partagées*, Paris, Autrement, série Mutations, n° 142, 1994, p. 58-69.

Roussillon, R. 1999. *Agonie, clivage et symbolisation*, Paris, Puf.

Winnicott, D.W. 1974. « La crainte de l'effondrement », *Nouvelle revue de psychanalyse*, n° 11, 1975, p. 35-44.

Continuités, discontinuités… de la difficulté à établir des liens psychiques

Alberto Konicheckis

Les séparations

Le pluriel de l'intitulé me semble particulièrement pertinent et encourageant pour notre réflexion. Nous avons à faire de nombreuses formes de séparation, plus ou moins accomplies, plus ou moins pathologiques, plus ou moins pathogènes. Pour travailler les séparations, il me semble important d'établir par

---

Alberto Konicheckis, professeur de psychologie clinique de la périnatalité et de la première enfance à l'université Paris-Descartes, Laboratoire de psychologie clinique et de psychopathologie, psychologue, psychanalyste.

rapport à quel lien, à quelle relation elles se produisent. J'aborderai surtout ce que la clinique de la périnatalité nous apprend à ce propos.

Chez le tout jeune enfant aussi il existe plusieurs modalités de séparation. Elles sont aussi nombreuses, plurielles. Pour beaucoup d'analystes, l'enjeu principal chez un bébé est de se séparer et de s'individualiser par rapport à la relation soi-disant symbiotique avec la mère. On suppose donc que l'enfant est complétement en fusion avec elle, et un beau jour, après quelques semaines, voire au moment de l'apparition de la parole et du langage, le père surgit et, tout comme Dieu sépare le ciel de la terre, il détache l'enfant de sa mère pour lui permettre d'entrer dans la communauté humaine. Or, l'expérience clinique avec des bébés montre que l'enjeu majeur et premier pour un bébé n'est pas tant de se séparer, que d'établir, avec son environnement, des liens profitables pour son existence. Au début, le bébé est séparé. D'où l'intitulé de cette table ronde : « à l'origine : la séparation ! », et ce, non seulement dans le sens où la séparation est le début d'un certain processus mais que, véritablement, au commencement, le bébé et les personnes de son entourage sont séparés. C'est ce qu'il arrive aux nouveau-nés kangourous. Habituellement, on pense qu'ils naissant à l'intérieur de la poche de leur mère. Mais en réalité, ils naissent en dehors. Après la naissance, dans un deuxième temps, avec des substances secrétées par son corps, la mère trace un chemin que les nouveau-nés kangourous empruntent pour émigrer vers la poche maternelle. D'un point de vue psychique, on peut donc s'interroger : comment, à partir de la situation originelle de séparation peuvent se constituer les liens psychiques ? Le tout jeune enfant a besoin de personnes extérieures à lui, fiables, capables de lui apporter un sentiment d'exister, du moment où il ne peut pas se les procurer par lui-même. Il cherche des objets qui le soulagent et le calment. À ce propos, comme le propose Winnicott (1962), il me paraît plus adéquat d'envisager le lien entre le bébé et son environnement en termes de dépendance et d'indépendance que de symbiose et de fusion. Pour le bébé, la question essentielle est comment il peut rendre ces liens de dépendance bénéfiques pour son existence, tout en sachant que sa mère est tout autant occupée par lui que par ses propres difficultés personnelles. L'enfant ne rencontre pas des parents idéaux, mais des personnes en pleine transformation identitaire.

Aussi, le tout jeune enfant n'est ni complétement en fusion, ni complétement séparé des personnes de son entourage. Il est en partie en lien avec elles, mais, d'emblée, il mène aussi une existence indépendante. Un nouveau-né passe en moyenne une vingtaine d'heures par jour endormi, c'est-à-dire qu'il développe une activité psychique interne et onirique intense et continue. Les transitions de l'état de veille à celui du sommeil, et *vice versa*, suppose chez le tout jeune enfant une sorte de séparation quotidienne et massive. Il ne s'agit pas simplement de la séparation avec tel ou tel objet, mais avec un ensemble d'objets, de personnes et de sensations. Dans la clinique périnatale, on sait que les troubles de l'endormissement et du sommeil apparaissent comme les premières symptômes-signaux des difficultés du bébé.

Quentin, pas tout à fait séparé, pas tout à fait ensemble

Un jour, j'ai été sollicité pour faire, en crèche, l'observation de Quentin, enfant qualifié de terrible. On l'appelait aussi « la terreur de la section ». Quentin était un enfant qui ne tenait pas en place, s'agitait en permanence et se montrait particulièrement agressif à l'égard des autres enfants. Il lui arrivait aussi de mordre, de pousser, de taper et de s'emparer par la force des jeux disponibles pour l'ensemble du groupe. Quentin, la « terreur » de la section, captait en permanence les forces vives du groupe.

Quentin n'était pas un bébé, il avait déjà un peu plus d'un an et demi. Lorsque je l'ai rencontré, il ne parlait pas encore, il émettait à peine quelques sons isolés et peu compréhensibles. J'arrive à la crèche pour l'observation le matin et, dès que je franchis le seuil de la porte de la salle où se trouve Quentin, il se jette sur moi le premier. Je dis bonjour aux enfants et aux auxiliaires. Quentin reste près de moi. Je m'accroupis, et, aussitôt, il se colle à moi, me tourne le dos et s'installe au creux formé par mes jambes, mes bras et mon corps.

Contrairement à sa réputation sulfureuse, je le trouve doux, touchant et câlin. Il reste auprès de moi longtemps, sans pour autant s'appuyer sur moi. Il est entouré par mon corps, mais bouge assez librement. Au cours de cette séquence, il ne cesse pas de pointer des images du monde extérieur. Il signale les grands dessins colorés qui se trouvent sur un des murs de la pièce : une maman-ours qui tenait dans ses bras un bébé-ours, un monsieur-ours conduisant une voiture, un garçon porteur d'une casquette. Il montre aussi ce qu'on peut observer à l'extérieur d'une grande baie-fenêtre : des oiseaux, auxquels on donne souvent des miettes de pain et les restes du repas. Quentin zappe d'une image à l'autre et donne la sensation d'un émiettement sensoriel. Je ressens cette attitude comme une manière de projeter, et plus précisément de se projeter, d'une façon furtive, ponctuelle, rapide dans ces images environnantes. Elles m'apparaissent alors comme autant de miettes de son monde répandues tout autour de lui. Quentin met dehors son éparpillement interne.

Le *self* du jeune enfant se déploie de l'intérieur vers l'extérieur à la recherche d'un autre psychisme susceptible de l'accueillir. À partir de ce moment, toute notion de limites ou de frontières entre lui et les autres est remise en question, car pour l'enfant ses parties projetées poursuivent leur existence dans le psychisme de celui qui les accueille. Lorsqu'il se produit une séparation, le souci ne concerne pas seulement la personne de qui on se sépare, mais ce que cette personne porte de lui. On évoque alors des séparations déchirantes, blessantes, comme si elles emportaient des parties du corps propre.

Avec Quentin, nous n'étions pas tout à fait ensemble, nous n'étions pas tout à fait séparés. Il ressentait une sorte de continuité entre lui et moi de façon à pouvoir découvrir et explorer le monde extérieur sans avoir besoin d'y aller par lui-même, avec la totalité de son corps, comme il le faisait habituellement. Entouré par mon corps, Quentin pouvait développer une activité en liberté. Mon corps était l'équivalent du sommeil qui lui permettait de mettre en jeu son activité imaginaire, semblable aux processus primaires du rêve. En l'occurrence, le sommeil est le gardien de ses rêves. Le premier objet des pulsions de l'enfant n'est pas constitué par la mère, mais par les sensations qu'il éprouve. Tustin (1990) évoque à ce propos le terme d'objet-sensation. Les sensations partagées avec les personnes du monde extérieur deviennent elles-mêmes objet. Chez le bébé, il existe d'emblée une fonction réflexive. Il se sent, il s'éprouve et, plus tard, il se parle. Il est à la fois sujet et objet. Il est d'emblée dédoublé. Il existe toujours une division de soi à soi. Toutefois, si le bébé a la possibilité de se sentir, de s'éprouver, il a tout autant la capacité de s'ignorer. Très tôt, le bébé est en mesure de se rendre insensible à lui-même. Comme l'a indiqué S. Fraiberg (1993) il possède la capacité de geler et d'anesthésier ses propres éprouvés. Il se clive, et se sépare donc, de sa propre personne. Je dirais que les premières séparations se produisent avec les expériences personnelles. La séparation, en général, laisse supposer l'existence d'objets et de sujets psychiques suffisamment définis. Lorsqu'on parle de séparation, l'objet duquel on se sépare, comme dans les objets des fantasmes, est déjà constitué. On parlera alors de relations d'objet. Or, justement, la particularité des premiers liens est que les objets fantasmatiques ne sont pas tout à fait constitués. Le bébé est tenu, mais méconnaît par qui il est porté. Probablement, il ignore même qu'il est porté. Les objets et sujets psychiques commencent à se former justement à travers les oscillations et des séparations dans le monde interne et entre le monde interne et le monde externe.

Continuité-discontinuité

Lorsqu'on envisage l'importance de ce monde d'objets-sensations du bébé, il me paraît préférable de poser la problématique des premiers liens en termes de continuité – et discontinuité – d'exister, plutôt qu'en termes de séparation. La séparation implique que les sujets et les objets psychiques sont déjà constitués. La continuité et la discontinuité de l'expérience suppose aussi d'être en lien avec soi-même. L'enjeu essentiel pour le tout jeune enfant est celui de créer, de se créer, un sentiment de continuité d'exister malgré les inévitables expériences de discontinuité qu'amène la vie. Les expériences de continuité et de discontinuité sculptent l'identité personnelle. Elles l'individualisent. Roussillon (2009) considère que les fondements narcissiques de la personne se forment à partir de toutes premières expériences du sentiment de continuer à exister.

Winnicott (1956) a proposé l'expression de préoccupation maternelle primaire pour décrire un état d'adaptabilité de la mère aux changements de l'enfant. Elle s'identifie à lui et lui apporte un sentiment de continuité à exister. Elle écarte ainsi les menaces sur sa personne. Le jeune enfant éprouve le sentiment de continuité à travers l'expérience psychique de l'autre. Les discontinuités d'avec cet autre peuvent être ressenties alors comme des déchirures dans la personne propre. À ce propos, j'aimerais évoquer une forme particulière de séparation et de différenciation entre la mère et *le maternel*, thématique qui a fait l'objet d'un récent colloque (*Revue française de psychanalyse*, 2011). L'enfant rencontre d'abord le maternel, cette ensemble de sensations qui, comme une bulle, lui apporte le sentiment de continuité à exister. Le maternel serait ce qui vient de la mère, les traces laissées par sa présence, comme ces substances déposées par la maman kangourou pour le chemin à son nouveau-né, mais d'où la mère elle-même est absente. Le maternel négative, absente la mère. Le maternel sépare l'enfant de la mère. Tout comme Chabert (2003) l'a proposé dans d'autres contextes, une forme particulière de mélancolie semble être inhérente non seulement au féminin mais au maternel aussi. La mère suffisamment bonne est celle qui peut se retirer pour céder la place au plaisir, chez l'enfant, de l'halluciner et de la penser. La mère suffisamment bonne est celle qui n'empiète pas l'univers psychique de l'enfant afin de lui permettre d'élaborer justement le maternel.

La mère produit des effets inévitablement ambivalents de présence. Elle apaise mais, en même temps, attise l'envie et l'excitation de l'enfant. Elle le séduit. Sa présence impose une forme de discontinuité par son altérité et sa génitalité. La mère n'est pas seulement un objet, elle est aussi une autre qui introduit des ruptures dans le sentiment de continuité à exister de l'enfant. On a évoqué la symbiose et la fusion chez le tout jeune enfant. Je pense que ce qui apparaît comme de la symbiose ou de la fusion chez l'enfant correspond aux efforts qu'il déploie pour faire disparaître ces effets de présence et de discontinuité. Il existe dans le psychisme une recherche d'homogénéisation et de rejet des sentiments subjectifs d'étrangeté. En essayant de faire disparaître les différences entre lui et l'objet, l'enfant cherche à éliminer le sentiment de déchirure et de discontinuité à exister. À ce propos, on peut rappeler l'importance pour le bébé des effets imitatifs des identifications primaires. La découverte de l'objet comme un non-soi, comme un autre, commence par la tentative de rendre subjective l'étrangeté que porte cet objet. Le bébé fait la connaissance avec lui à travers l'expérience subjective d'étrangeté qu'il nous impose à le connaître. Ces formes premières d'identification constituent le pendant, chez le bébé, des identifications de la préoccupation maternelle primaire. Les liens entre le bébé et la mère ne sont pas directs, mais médiatisés par ces premières modalités d'identification. Elles cherchent à éviter des effets déchirants de la présence et de l'existence de l'autre.

Deuil, perte, désillusion pour soi-même

L'objet premier extérieur apporte à l'enfant donc un sentiment de continuité à exister. On peut essayer d'envisager comment se produit le détachement de cet objet ? Dans les meilleurs des cas, Winnicott (1951) évoque le processus de désillusion, qui est une forme de séparation entre le subjectivement créé et l'objectivement perçu. Il s'agit d'une sorte d'épreuve de réalité assez caractéristique du processus du deuil. On peut s'interroger toutefois : que se passe-il lorsque ce processus de désillusion, qui différencie le subjectif de l'objectif, ne se déroule pas dans de bonnes conditions ? Pour le tout jeune enfant, il risque de se produire des formes premières de dépression, non pas suite à la perte d'un objet extérieur, mais par rapport à la perte de sensations personnelles de menace de continuité à exister. C'est une menace d'ordre vital. L'enfant éprouve le risque d'une perte des ressources nécessaires pour se maintenir en vie. Il a l'impression d'être coupé des liens qui l'unissent à l'existence. Parfois, pour éviter de sombrer, il sexualise, libidinalise le sentiment de discontinuité à exister. L'érotisation assure la continuité de l'existence. Ces expériences deviennent pathologiques du moment où, par leur existence même, elles empêchent la formation d'autres objets pulsionnels que les sensations elles-mêmes. Ces mouvements sensoriels tentent de garder l'illusion d'un contact avec les objets extérieurs. Quentin se retrouvait souvent dans cet état d'agitation incessante qui lui apportait le sentiment de continuité à exister.

La censure de l'amante décrite par Braunschweig et Fain (1975) correspond à l'expérience éprouvée par l'enfant, le soir, au moment où la mère le couche et se retire pour aller rejoindre son compagnon. Les traces de l'éloignement de la mère éveillent le sexuel chez l'enfant. Ce mouvement, qui dessine un espace subjectif et unique, en réalité est porté, en négatif, par une subjectivité, autre et extérieure à l'enfant, celle de la mère qui s'éloigne. Les figures fantasmatiques parentales se forment au cours de ces rêves. Ils tentent de retrouver des sensations narcissiques de continuité et de rassemblement. Le sexuel apparaît dans toute sa paradoxalité. À la fois il sépare – la mère se retire au nom de sa génitalité – et en même temps, il cherche à lier, par la formation, chez l'enfant, des premiers scénarios fantasmatiques masturbatoires. On comprend que l'enfant risque d'éprouver des difficultés d'endormissement ou des frayeurs nocturnes qui l'empêchent de rêver.

Clivage

Le tout jeune enfant ressent les afflux importants d'excitations comme le jaillissement d'une grande souffrance. Tout état excessif de besoin, de tension et d'excitation représente une situation qu'il cherche à défaire par tous les moyens. L'enfant tente de se débarrasser de ce qu'il éprouve comme extérieur à sa personne. Il se sépare ainsi des sensations déplaisantes. On peut avancer aussi que les premières séparations qui se produisent à l'intérieur de lui-même concernent ce qui est agréable et ce qui ne l'est pas. Au nom de son sentiment de continuité à exister, il se sépare de ce qu'il ressent comme n'étant pas bon pour son existence. Cette répartition correspond également à la différenciation proposée par Freud (1915) entre le Moi-plaisir et le Moi-réalité : ce qui est bon je le garde, fait partie de moi, ce qui n'est pas bon et fait souffrir je l'expulse et devient constitutif du monde extérieur. La réalité du bébé est proche d'une expérience biologique. Corps et psyché ne sont pas complétement différenciés. Comme Missonnier et Boige (1999) l'ont si bien montré, lorsqu'un bébé régurgite parce qu'il est dégouté, il ne s'agit pas vraiment d'un symptôme hystérique. Il se détache, se sépare, de certaines parties de lui-même. Mais, par là même, il risque bien évidemment de s'aliéner de sa propre personne. Dans la séquence d'observation que j'ai évoquée précédemment, Quentin expulse, vers le dehors, ce qui le dérange, dedans. Il effectue ainsi une différenciation, une séparation entre le dehors et le dedans. Il se sépare de ce qui le trouble. Il se forme, dehors, une sorte de miroir de son monde interne, émietté et délié. L'exigence de ce travail psychique se ressent au niveau de l'équipe, qui se sent sollicitée en permanence par lui.

Sous une autre modalité sensorielle, le portage que je lui propose, lui donne la possibilité de ressentir réunies les parties émiettées de lui-même. Être en lien avec l'autre, miroir de soi, lui permet d'être en lien avec lui-même. La continuité et la discontinuité concernent la continuité et la discontinuité avec ses propres ressentis. La pathologie se produit lorsque des formes précoces de clivage risquent de s'accentuer comme, par exemple, lors de l'exacerbation des processus schizo-paranoïdes. Pour le tout jeune enfant, l'enjeu consiste à être en lien avec soi-même à travers le miroir proposé par l'autre. À ce propos, je mentionne, sans avoir la possibilité d'approfondir davantage, l'homosexualité primaire, proposée par E. Kestemberg et reprise aussi bien par Denis (1982) que par Roussillon (2004) qui a rajouté la notion d'homosexualité primaire en double pour souligner ce dédoublement indispensable de l'enfant dans l'autre. Elle redouble la réflexivité qui existait en lui. Les différentes modalités de désubjectivation forment les troubles psychopathologiques des premières séparations.

Bibliographie

Braunschweig, D. ; Fain, M. 1975. *La nuit, le jour,* Paris, Puf.

Chabert, C. 2003. *Le féminin mélancolique*, Paris, Puf.

Denis, P. 1982. « Homosexualité primaire base de contradictions », *Revue française de psychanalyse*, vol. 46, n° 1.

Fraiberg, S. 1993. « Mécanismes de défense pathologiques au cours de la petite enfance », *Devenir*, vol. 5, n° 1.

Freud, S. 1915. « Pulsions et destins de pulsions », *dans Métapsychologie, Œuvres complètes XIII,* Paris, Puf, 1988.

Missonnier, S. ; Boige, N. 1999. « Je reflue donc je suis. Pour une approche psychosomatique du reflux gastro-œsophagien du nourrisson », *Devenir,* vol. 11, n° 3.

Revue française de psychanalyse. 2011. *Le maternel*, vol. 75, n° 5.

Roussillon, R. 2004. « La dépendance primitive et l'homosexualité primaire "en double" », *Revue française de psychanalyse*, vol. 68, n° 2.

Roussillon, R. 2009. « Narcissisme et "logiques" de la perversion », dans C. Chabert (sous la direction de), *Traité de psychopathologie de l'adulte, Narcissisme et dépression*, Paris, Dunod.

Tustin, F. 1990. *Autisme et protection,* Paris, Le Seuil, 1992.

Winnicott, D.W. 1951. « Objets transitionnels et phénomènes transitionnels », dans *De la pédiatrie à la psychanalyse,* Paris, Payot, 1969.

Winnicott, D.W. 1956. « La préoccupation maternelle primaire », dans *De la pédiatrie à la psychanalyse*, Paris, Payot, 1969.

Winnicott, D.W. 1965. « Intégration du moi au cours du développement de l'enfant » (1962), dans *Processus de maturation chez l'enfant*, Paris, Payot, 1970.

Séparer pour mieux soigner : le travail du psychanalyste en institution spécialisée

Aline Cohen de Lara

La première psychanalyse d'enfant de D.W. Winnicott était celle d'un délinquant suivi au sein d'une institution qui n'a pas toléré les actes transgressifs de ce garçon. Il a d'ailleurs inventé un diagnostic qui l'aurait considérablement aidé dans sa pratique : « Enfant pour qui je ne peux rien », préconisant la nécessité d'une prise en charge par la société, d'une prise en main de l'enfant, afin de ne pas le laisser tomber comme son environnement initial a pu le

---

Aline Cohen de Lara, psychanalyste, professeur de psychologie de l'enfant et de l'adolescent, université Paris 13 Sorbonne Paris Cité, Unité transversale de recherche psychogenèse et psychopathologie, UTRPP EA 4403.

faire. Dans la tendance antisociale, l'enfant cherche quelque chose de bon qu'il a expérimenté et qui lui a été retiré. Pas de privation mais une séparation, un retrait qui « a dépassé la durée pendant laquelle l'enfant est capable d'en maintenir le souvenir vivant », nous dit Winnicott. La notion de séparation est ainsi présente dans la tendance antisociale, renvoyant à l'idée d'une rupture de continuité, une rupture de l'environnement interdisant à l'enfant la possible prise en charge de lui-même, c'est-à-dire l'adaptation à soi-même, à sa propre destructivité. À travers la tendance antisociale : « l'enfant cherche [...] la stabilité de l'environnement qui pourra supporter la tension résultant du comportement impulsif ; c'est la quête d'un environnement perdu, d'une attitude humaine qui, parce que l'on peut s'y fier, donne la liberté à l'individu de bouger et d'agir et de s'exciter » écrit Winnicott (1956). La tendance antisociale est un signe d'espoir et c'est à cet espoir que la société en général et plus spécifiquement les thérapeutes d'enfants au sens large doivent répondre, sauf à considérer que ces formes d'expressions sont « sans objet », sans destinataire, et à réprimer.

J'aimerai évoquer, non pas les incidences pathogènes des séparations sur le fonctionnement psychique de l'enfant, mais la dimension potentiellement thérapeutique de la séparation, lorsqu'elle est proposée dans le cadre de placements en institution. Cet exposé est issu de mon expérience de psychanalyste auprès d'enfants placés au centre thérapeutique « Le coteau G. Amado », un *Institut thérapeutique éducatif et pédagogique* qui était spécialisé dans la prévention des risques d'évolution vers la psychopathie et la délinquance. Lorsque l'on se penche sur les histoires personnelles de ces enfants agités et violents, ayant recours aux comportements comme symptômes manifestes de leurs souffrances psychiques, on retrouve toujours dans leurs anamnèses des séparations concrètes, petites ou grandes, des discontinuités d'investissement multiples. On se demande alors quel peut être le bénéfice d'une séparation de plus, aussi « lourde » que celle proposée par un placement. Quelles conséquences cela va-t-il avoir sur le fonctionnement de ces enfants ? Ne faudrait-il pas au contraire renforcer des liens déjà très malmenés en maintenant coute que coute l'enfant dans son milieu de vie. C'est pourtant suite aux difficultés rencontrées dans les prises en charges en ambulatoire et face à des situations de crise intense que nos partenaires des secteurs en viennent à envisager la séparation de l'enfant d'avec sa famille. L'internat du Coteau avait pour spécificité d'utiliser la séparation comme un outil thérapeutique [1] (Cohen de Lara, 2001), en proposant une séparation longue, venant réactiver d'autres séparations afin d'en tenter une élaboration après coup. Situation pour le moins paradoxale, où ces enfants ayant déjà vécu de nombreuses ruptures étaient séparés de leur milieu familial pendant un

1. Cet internat était l'une des institutions du Centre thérapeutique « Le Coteau – Georges Amado » à Vitry-sur-Seine.

trimestre, sans retour à la maison, mais avec des visites régulières de la famille. Paradoxe aussi quand, face à des vécus d'exclusion et de rejet, une intensification factuelle de la séparation était proposée, entrainant souvent un désir de réappropriation de l'enfant par ses parents permettant un travail de reprise. Pourtant, le paradoxe a été pour moi de constater que cette situation de séparation a pu être un levier thérapeutique souvent bénéfique, quand elle était pensée par une équipe pluridisciplinaire et surtout travaillée psychiquement avec l'enfant et ses parents.

Dans ces formes psychopathologiques, les sujets luttent contre la massivité potentielle de leurs investissements objectaux idéalisés. D'où la nécessité d'un dispositif qui offre un espace thérapeutique élargi où peuvent être perçus et entendus, venir se projeter et se déplacer, se jouer et se donner à voir en des lieux et selon des modalités différentes, les effets de ces investissements de nature transférentielle. Cet environnement thérapeutique peut rendre possible la diffraction du transfert sur de nombreux intervenants, évitant ainsi la condensation du transfert sur la seule personne du psychanalyste. Cette diffraction, qui complexifie la situation psychanalytique individuelle, est pourtant nécessaire tant les mouvements transférentiels susceptibles d'apparaître sont massifs, violents, en tout ou rien, menaçants pour le sujet, mouvements qui ne trouvaient jusqu'alors de dérivation que dans les agirs, les comportements. Pour L. Kahn, qui a longtemps travaillé au Coteau, le psychanalyste « ne pouvait vraiment laisser se développer dans le transfert le jeu des forces pulsionnelles que parce qu'il savait qu'il y avait une forme d'environnement qui, par ailleurs, allait endiguer l'instabilité. [...] D'une certaine façon, ces traitements n'étaient possibles que parce qu'il y avait un véritable environnement *pour l'analyste* » (Kahn, 2008). Ce cadre contenant, « facilitant » et fiable, au sein duquel les traitements psychanalytiques peuvent avoir lieu, exerce une fonction médiatrice et protectrice, nécessaire et indispensable pour prendre le risque du transfert, du côté du sujet, et pour tolérer l'intensité de ce transfert, du côté du thérapeute.

Car c'est précisément contre le risque du transfert que luttent ces patients qui ne peuvent pas psychiquement se laisser aller à vivre des sentiments aussi intenses, à se faire confiance et à avoir confiance en l'objet. A. Green fait de « la confiance en une espérance d'un possible dans l'avenir » (2005) une des conditions de possibilité d'analyse. Dans ces situations de séparation, la question de la confiance semble exacerbée par les vécus antérieurs de défaillance des objets d'investissement. Pourquoi investir à nouveau alors même que de multiples expériences ont montré les risques encourus lors de séparations, pourquoi raviver des blessures narcissiques profondes et toujours actuelles ? Quels que soient ces vécus de défaillance antérieurs, la fidélité aux premiers objets d'investissement reste très active tant que l'enfant n'a pas pu les resituer à une place qui lui permette de s'en séparer psychiquement et d'exister sans trop de souffrances. Cette fidélité aux parents suscite des conflits d'appartenance chez les enfants et ce d'autant plus qu'ils doivent aussi investir les autres adultes qui les ont en charge, avant même de pouvoir investir leur psychanalyste. Ainsi, si une alliance thérapeutique peut s'instaurer, elle doit d'abord avoir lieu avec ces multiples intervenants afin de constituer un des éléments du cadre thérapeutique. Certes, les risques de clivage et de ruptures peuvent alors être accentués. D'où la nécessité d'un travail de reprise régulier par les professionnels durant les réunions, bien sur, mais aussi au sein de la vie institutionnelle au sens large, « dans les couloirs », dans ces espaces « interstitiels » potentiellement thérapeutiques. Si j'insiste sur ce point, c'est qu'actuellement au sein des institutions soignantes de tous ordres, le temps nous est compté, tout doit être quantifié et spécifié, ce qui laisse peu de place pour les échanges informels, pour ce travail de lien entre les soignants. Or, c'est aussi de cela que ces enfants en particulier ont besoin, que les adultes qui les ont en charge, qui prennent soin d'eux, échangent entre eux, à propos d'eux et du reste. « On parle d'un enfant » dirait J.-L. Donnet (Roussillon, 2010). La dimension thérapeutique ne doit pas être réduite au temps concret passé auprès d'un patient. Que fait l'objet quand il s'absente, vers quel autre objet se tourne-t-il quand il n'est pas là ? C'est ici la question de la scène primitive qui peut se rejouer pour l'enfant et qui peut être reprise dans un travail élaboratif au sein des séances de psychanalyse individuelle. La séparation et l'exclusion peuvent être tolérées si l'enfant sent et peut penser qu'il reste présent dans la pensée de l'objet qui s'absente. « L'investissement maintenu de l'objet en l'absence de celui-ci, suppose la réciproque [...] la représentation de l'existence d'un investissement maintenu par les objets parentaux eux-mêmes » écrit Roussillon (2010). Sans tomber dans l'idéalisation des prises en charge institutionnelles, c'est pourtant la présence soignante de plusieurs intervenants ayant des liens entre eux, qui non seulement rend possible la diffraction du transfert tout en contenant les risques de clivage, mais aussi favorise l'intériorisation du tiers par l'enfant, et donc l'accès à un possible traitement des problématiques de séparations et de leurs incidences sur le fonctionnement.

Une autre particularité de l'internat du Coteau était la durée du placement fixée à deux années de séjour, c'est-à-dire une autre séparation, programmée cette fois-ci à l'avance. Deux ans pour une psychothérapie, qu'advient-il du temps psychique, du temps d'instauration d'un processus ? L'inconscient est atemporel. Comment investir une relation et *a fortiori* une relation de transfert lorsque l'on sait que le terme est déterminé d'avance ? Cette durée était une des conditions du cadre thérapeutique global. Une forme d'instance surmoïque limitante, de fonction tierce au sein de la relation duelle qui s'engageait. Ce temps de séparation déterminé correspondait à des paramètres externes au fonctionnement psychique, tout comme le temps déterminé d'une séance. Pas d'arbitraire ici, mais une condition établie d'avance, en dehors de l'enfant et du thérapeute, puisque c'était une des conditions d'acceptation du placement en internat. « Vous entrez et vous en sortirez. » Condition porteuse de séparation mais aussi d'issue, quelle qu'elle soit. Cela pouvait représenter pour certains enfants un obstacle à l'indication de psychanalyse individuelle, d'où l'importance d'une évaluation fine par un tiers avant toute décision. Elle s'avérait être un moteur thérapeutique dans de nombreux cas. Au sein même de la psychanalyse individuelle, cette condition du cadre permettait que l'actualité de la séparation liée au placement tout comme celles à venir puissent être pensées, réactivant souvent des représentations et des affects liés aux séparations antérieures. Parfois déniée par l'enfant, la séparation d'avec l'institution ne devait pas l'être pour le thérapeute qui participait de ce cadre global.

Une fois ce cadre externe mis en place et plus ou moins accepté, ou toléré, par l'enfant et sa famille, il devient possible d'envisager une psychanalyse individuelle pour certains, même si les risques de rupture sont toujours présents et susceptibles de s'actualiser du fait même des mouvements induits par le processus mais aussi des évènements de la réalité extérieure. Car ce qui rend les prises en charges de ces enfants complexes, c'est aussi parce que des évènements de la réalité externe viennent envahir la séance, trop de réalité empêchant l'instauration d'une autre scène, scène psychique, théâtre privé, au sein duquel la réalité psychique pourrait se jouer. D'où la nécessité que cette réalité externe et les incidences qui en découlent soient elles aussi prises en charge par d'autres professionnels tout au long du traitement. Filtrée par ce cadre thérapeutique global, la réalité externe peut partiellement être mise à la porte de la séance. Partiellement cependant…

Sonia entre à l'internat à l'âge de 6 ans du fait de troubles du comportement et surtout d'une situation de crise familiale intense. Durant la première année, elle semblait n'investir pleinement ni sa psychanalyse ni l'institution. Le processus thérapeutique était d'autant plus long à s'instaurer que les relations entre les parents ne cessaient de se dégrader. La mère, atteinte d'un cancer avancé, souhaitait le placement de sa fille afin de lui permettre de poursuivre une scolarité en milieu protégé. Le père était lui extrêmement méfiant, avec un vécu de persécution à peine dissimulé. Il était contre le placement, contre la thérapie mais aussi contre un retour à la maison, conscient de son impossibilité à s'occuper de ses enfants ; situation paradoxale s'il en est pour cette petite fille qui ne savait qui satisfaire. La séparation proposée par l'internat était douloureusement vécue par tous, enfant, famille et professionnels et nous avons dès le début de la seconde année envisagé un retour à la maison, afin que Sonia puisse vivre auprès de sa mère dont l'état de santé ne s'améliorait pas. Psychiquement, je me sentais dans une impasse : comment investir cette enfant, comment penser une continuité autrement qu'en essayant, à partir d'un matériel chaotique et peu symbolique, de tisser des fils d'une séance à l'autre. Sonia n'avait pas souhaité que je rencontre ses parents au début du traitement, elle ne voulait pas que nous puissions voir sa mère dont le visage était défiguré par la maladie et qui avait le plus grand mal à s'exprimer. C'est devant l'éventualité d'un retour à la maison qu'elle a tenu à ce que je les rencontre. Ce passage par la réalité concrète est souvent nécessaire en psychanalyse d'enfants. Pour Sonia, cette rencontre a contribué à sceller une alliance thérapeutique malgré le chaos que fut ce cheminement en psychanalyse et les nombreux bouleversements et drames qui ont égrené le parcours de cette enfant tout au long des placements, dont les décès successifs de ses parents. Cette alliance a rendu possible que nous engagions puis poursuivions ce travail jusqu'à l'adolescence. Après deux années à l'internat, Sonia est retournée vivre un temps chez elle en continuant d'être prise en charge à l'externat du Coteau. La psychanalyse a pu se poursuivre, tant bien que mal. En effet, à plusieurs reprises et pendant de longues périodes, en lien avec l'aggravation de la maladie de la mère et la séparation des parents, Sonia mettait tout en œuvre pour fragiliser et empêcher le déroulement de ses séances, jusqu'à monter les autres enfants pour que collectivement ils cessent de fréquenter leurs analystes. Elle mobilisait ainsi l'ensemble de l'équipe et tout le monde savait que l'heure de ses séances approchait. Si elle refusait parfois d'y venir, le plus souvent elle hurlait son refus dans les couloirs, tournait autour de mon bureau pour finir par y entrer et se blottir derrière moi en criant que je la forçais à être là et en m'intimant l'ordre de la laisser sortir. Conduites et propos paradoxaux puisque, bien sûr, rien concrètement ne l'empêchait de le faire, sauf la force du lien transférentiel, un transfert paradoxal au sens d'Anzieu, dans ces moments où ses objets premiers d'investissement étaient particulièrement fragiles et où une décision de placement familial était prise.

Pour J.-L. Donnet, dans le conflit opposant le moi et le surmoi, il est plus facile pour le moi « de se défendre contre l'accusation venant du dehors (à partir de laquelle il a pu accéder jadis à la capacité de mensonge, condition d'une liberté de penser), que contre l'accusation du dedans, détentrice du devinement parental. [...] C'est pourquoi le détour par la projection de l'accusation est un temps transférentiel nécessaire pour l'établissement d'une scène de tribunal interne » (Donnet, 1995). En développant la question de la conscience morale à travers le concept de surmoi et en introduisant la notion de sentiment inconscient de culpabilité même chez les criminels, Freud a ouvert la voie à une compréhension et un traitement possible des actes délictueux (Freud, 1916). Or, une des caractéristiques majeures du surmoi pour Freud est l'indifférenciation entre les actes et la pensée. Cette caractéristique a des incidences sur les modalités thérapeutiques et nous rappelle combien nos interventions se doivent d'être au plus près du mode de fonctionnement inconscient, où acte et pensé sont indistincts. « Au commencement était l'acte » écrit Freud à la fin de *Totem et tabou*. R. Roussillon évoque lui le langage de l'acte, un acte qui serait à entendre comme une adresse à autrui. C'est à l'objet de prendre acte, à l'objet de rencontrer subjectivement ces actes, et de leur donner une fonction de communication, une valeur signifiante. Certains recours aux actes peuvent se comprendre comme des tentatives d'actualisation, de mise « au présent du moi » selon l'expression de Winnicott, de ce qui n'a pas trouvé de lieu psychique, de ces *fueros* qui n'ont pas été intégrés par la psyché, qui n'ont donc pas non plus été refoulés, mais réprimés.

Le travail avec ces enfants m'a conduit à désapprendre certains principes thérapeutiques, en particulier le sens dévolu à la cure psychanalytique classique, qui cherche la levée du refoulement. Avec ces enfants, pas ou trop peu de refoulement justement. Faut-il alors éduquer, au sens Freudien d'élever des digues contre la pulsionnalité ? Faut-il travailler dans le sens de la mise en place du refoulement ou dans le sens de sa levée ? Lorsque les actes sont omniprésents et que le conflit est externalisé *hic et nunc* sans déplacement possible, les psychanalystes doivent savoir modifier leurs modalités d'interventions pour s'adapter à ces enfants, à leur quasi absence d'associativité et de jeu symbolique, à la confusion entre les actes et les pensées.

Les périodes d'intense destructivité de Sonia à mon égard me laissaient comme terrassée, totalement impuissante à l'aider par les moyens classiques de la psychothérapie. Comment jouer avec quelqu'un qui n'en est pas, ou plus capable, comment lui montrer, en suivant R. Roussillon, que le jeu « soutient la part d'illusion nécessaire à la vie psychique (et) permet de transformer les situations les plus douloureuses en situations « bonnes à symboliser ». » Il appartient au travail psychanalytique, nous propose-t-il, de « retrouver les traces du jeu (qui n'a pas pu historiquement avoir lieu) pour créer les conditions qui permettent que le jeu potentiel puisse être régénéré et qu'il puisse redéployer ses virtualités symbolisantes » (Roussillon, 2008).

Jouer, c'est accepter de régresser. Mais cette régression est insupportable pour ces enfants, puisqu'elle renvoie à leur vécu d'impuissance, aux failles narcissiques douloureuses, à un risque d'intrusion et de passivité insupportables, eux qui ont souvent constitué des carapaces de guerriers insensibles, tout-puissants, pour affronter leurs réalités. J'ai souvent eu l'impression que mon travail de psychanalyste avec ces enfants n'était qu'une longue négociation, toujours remise sur le tapis de jeu à chaque séance. Peu de *playing* (Winnicott, 1971) car sans règles, c'est prendre le risque de tomber dans l'arbitraire, la folie de la toute-puissance de la pensée et le risque encouru de la perte totale des limites. Quelques *games* (Winnicott, 1971) parfois qui avaient le mérite d'apaiser un temps la situation. Un temps seulement, car comment accepter la contrainte des règles et, pour le psychanalyste, ces jeux sans fin où toujours il perd, quels que soient les dés. Rien ne doit être laissé au hasard, tout doit être sous contrôle omnipotent. Recevoir, contenir, et survivre à la destructivité, tel est souvent l'essentiel des parcours psychanalytiques avec ces enfants. Lier la destructivité à l'objet, mais dans l'actualisation du transfert, c'est-à-dire sur l'objet de transfert et pendant longtemps ne jamais nommer l'objet du transfert. Il faut accepter et tolérer d'être un objet de transfert (un « objeu ») (Roussillon, 1997), prêter notre présence et notre fonctionnement psychique, sans quasiment jamais évoquer directement les objets premiers d'investissement. Au début de ma pratique, je pensais qu'il fallait verbaliser, trouver les mots qui semblaient faire défaut à ces enfants, interpréter le transfert, lier ces mouvements psychiques aux imagos parentales perceptibles à partir du contre-transfert. Le constat a été rapide, en lieu et place de l'apaisement attendu, l'excitation redoublait et les actes fusaient.

« Touche pas à mes parents, ni à mon monde interne » semblait me dire Sonia à travers ses explosions quand je tentais de faire des liens. Lorsque la capacité à maîtriser la réalité interne est défaillante, le besoin de maîtriser la réalité externe devient intense. Le psychanalyste doit durant tout un temps supporter d'être maîtrisé, malmené, tout en tentant de s'en dégager partiellement pour trouver des voies de déplacement et de créativité. Il n'est pas évident psychiquement d'être utilisé comme un objet malléable. Souvent, le recours à d'autres objets potentiellement malléables ne parvient pas à s'opérer : que d'ébauches de dessins, combien de pâte à modeler, de bricolages amorcés pour tenter de figurer quelque chose. Rétrospectivement, il me semble que c'est lorsque je renonçais à chercher à comprendre, à trouver du sens à ce qui se produisait en séance, que je retrouvais un degré de liberté suffisant pour qu'un dégagement s'opère et que j'éprouvais à nouveau la « capacité d'être seule » en présence de l'autre (Winnicott, 1958). Alors parfois une autre modalité de réponse me venait à l'esprit. Ce fut souvent le cas avec Sonia, lorsque je me mettais à écrire et à dessiner pour moi. Le dossier de Sonia était d'ailleurs rempli majoritairement de mes productions, pas de *squiggle* ici, peu de co-construction du moins dans les traces concrètes laissées par elle dans mon bureau. Nous nous sommes fréquemment interrogés avec l'équipe sur la pertinence à poursuivre ce traitement. Au final, je dirais que c'est Sonia qui l'a maintenu, de façon là aussi paradoxale, en mobilisant les adultes de l'institution et en ne cessant de crier que j'étais là, toujours et encore là, à l'attendre inutilement, alors même qu'elle devait investir sa famille d'accueil et que sa mère partait vivre loin pour essayer de se soigner. Comme toutes celles menées avec ces enfants insupportables, dirait A. Fréjaville, cette psychanalyse était passionnante, aussi intense que les investissements transférentiels, et ce, malgré le vécu d'impuissance, les sentiments parfois d'être totalement inutile dans sa fonction, niée dans son altérité, annulée dans son existence même, malgré la haine ressentie dans le contre-transfert, pour reprendre les termes si justes de D.W. Winnicott. C'est là qu'intervient le nécessaire recours au tiers, le tiers institutionnel, le travail d'équipe mais aussi le tiers externe de la supervision. « Une règle sans exception : tenir et endurer sans faillir et sans se durcir. Pour le reste, être vigilant quant à la tentation d'attitudes réparatrices et, surtout, veiller au maintien d'une qualité d'écoute qui comporte par elle-même et en elle-même son pouvoir – moins de compréhension que de témoignage » écrit A. Green (2005). « Survivre », écrivait D.W. Winnicott (1971), pour qui l'utilisation de l'objet implique qu'il soit détruit dans le fantasme mais qu'il survive. Or, ces enfants ont le vécu d'avoir détruit l'objet, d'être des objets destructeurs de leurs figures parentales, sans restauration possible. Lorsque la réalité vient confirmer ce vécu intrapsychique, comment croire alors à leur potentialité de restauration ? La réponse de l'objet est fondamentale, même imparfaite, elle tente d'être « suffisamment bonne ».

Sonia venait d'avoir 14 ans, elle allait mieux quand nous avons décidé d'un commun accord d'interrompre la psychanalyse. Par la suite, elle est revenue à plusieurs reprises me rencontrer, pour « avoir de mes nouvelles » disait-elle. Elle a souhaité me revoir lors du décès de sa mère, en présence de sa famille d'accueil, elle y tenait, comme si pour eux aussi, je devais être inscrite dans son parcours au centre. Elle voulait, je crois, vérifier que j'avais survécu à sa force destructrice. Plus tard, lorsqu'elle a su que je quittais l'institution, elle a demandé à me rencontrer. Elle souhaitait savoir ce que je ferai de son dossier. Nous l'avons regardé et retracé ensemble notre cheminement en ce lieu. Elle a décidé de l'emporter avec elle puisque je partais. Quand à 21 ans elle a quitté le placement familial, elle a organisé une petite fête où elle m'a conviée. Je n'ai pas beaucoup hésité, j'y suis allée et ce soir-là, elle m'a demandé comment j'avais fait pour la supporter. Elle se souvenait essentiellement de ces moments de destructivité, lorsqu'elle disait de moi que j'avais une « sale gueule » à l'époque où le visage de sa mère était de plus en plus déformé par la maladie. Je lui ai répondu qu'à ce moment-là, je savais que tout en s'adressant à moi, elle s'adressait aussi à travers moi, à quelqu'un d'autre et à elle-même. Et que si elle avait pu le faire, c'était parce que nous savions que, malgré tout, nous nous aimions bien toutes les deux. Je ne sais pas si j'ai trouvé les mots justes pour évoquer ces mouvements transférentiels, ce sont ceux qui me sont venus et je crois qu'elle était prête à les entendre. J'ai en tout cas la conviction que de son côté, il était maintenant possible pour elle de revenir l'espace d'un instant sur ces temps forts de sa psychanalyse et s'interroger sur son fonctionnement psychique et le mien. Elle pouvait au moment où elle se séparait officiellement de ce lieu de soins et de vie ainsi que des individus qui l'avaient accompagnée, évoquer sa destructivité et constater de visu qu'elle n'avait pas tout détruit autour d'elle et qu'elle était aussi capable de réparation à travers cette invitation. Nous étions toutes les deux ce jour là prêtes à nous séparer.

De mon côté, la séparation d'avec ce lieu de soin a pris du temps, un temps psychique qui n'a pas correspondu avec le temps réel d'une séparation qui nous a été imposée du dehors par des instances administratives qui ont détruit un outil original et je crois thérapeutique. J'ai souhaité aujourd'hui plus de dix ans après rendre hommage au travail mené pendant des années par l'ensemble de l'équipe du Coteau-G. Amado à Vitry-sur-Seine.

Bibliographie

Cohen de Lara, A. 2001. « Ces enfants dits inadaptés », dans J.-C. Arfouilloux, G. Diatkine, A. Fréjaville (sous la direction de), *Éducation et maltraitance*, Paris, Puf, coll. « Monographies de la psychiatrie de l'enfant », 2001, p. 137-148.

Donnet, J.-L. 1995. « Le surmoi », dans *Monographie de la Revue française de psychanalyse*, tome 1, Paris, Puf, p. 46.

Freud, S. 1916. « Quelques types de caractères dégagés par le travail psychanalytique, III. Les criminels par conscience de culpabilité », dans *Œuvres complètes*, Psychanalyse, XV, Paris, Puf, 2005.

Green, A. 2005. « Le syndrome de désertification psychique », dans *Le travail du psychanalyste en psychothérapie*, Paris, Dunod, p. 23.

Kahn, L. 2008. « Les petites choses. Enfants du Coteau, temps de guerre », *Penser/rêver*, n°14, *L'inadaptation des enfants et de quelques autres*, Édition de l'Olivier, p. 14 et p. 18-21.

Roussillon, R. 1997. « La fonction symbolisante de l'objet », dans *Revue française de psychanalyse*, LXI, 2, p. 399-415.

Roussillon, R. 2008. *Le jeu et l'entre-je(u)*, Paris, Puf, p. IX et X.

Roussillon, R. 2010. *La naissance de l'objet*, p. 36.

Winnicott, D.W. 1956. « La tendance antisociale », dans *De la pédiatrie à la psychanalyse*, Paris, Petite bibliothèque Payot, p. 179.

Winnicott, D.W. 1958. « La capacité d'être seul », dans *De la pédiatrie à la psychanalyse*, Paris, Payot, 1969.

Winnicott, D.W. 1971. « Playing and reality », tr. fr. *Jeux et réalité*, Paris, Gallimard, 1975.

Dépendances sexuelles. Le zapping relationnel

Vincent Estellon

Martin est un homme de 36 ans. Il vient consulter à partir d'un sentiment de malaise grandissant concernant la façon dont il vit ses relations affectives. De belle allure, doué d'une certaine prestance et d'un statut professionnel envié, Martin ne parvient plus à se sentir vivant depuis sa séparation avec Barbara. Avec elle, il se sentait lui. Il l'avait connu en prépa, à une époque où il travaillait énormément et ne dormait guère. Elle l'avait remarqué et choisi. Il s'était laissé séduire. Leur relation dura deux ans

---

Vincent Estellon, maître de conférences HDR *à l'université Paris-Descartes, Laboratoire de psychologie clinique et de psychopathologie, psychologue, psychanalyste.*

avant de se terminer de façon catastrophique. Brutalement, elle lui annonce qu'elle le quitte pour un autre (un ami de la bande), un homme de situation plus modeste mais qui « lui, au moins, sait s'occuper et prendre soin d'une femme ! » Non seulement elle le jette, mais l'insulte, l'humilie. Il n'a rien compris, elle n'en peut plus de lui : traité de « nul », de « gros con »… Moins il comprend plus elle s'énerve ; elle le frappe, lance et casse des objets ; « tu es une merde » est la dernière parole qu'elle lui lance avant de claquer la porte.

Sidéré, sous état de choc, il connaît pour la première fois de sa vie – pense-t-il – un chagrin inconsolable. Il pleure, des semaines, des mois durant, tente de la faire revenir. Plus il s'acharne, plus il est humilié, avec cette impression angoissante de s'enfoncer chaque fois plus profond dans la boue. Elle ne répond pas au téléphone puis change de numéro. Il se sent grotesque, pathétique. D'autant qu'il n'a rien vu venir ; lui qui pensait même que tout allait bien. Barbara était-elle folle ou fondamentalement mauvaise ? Comment avait-t-il pu être à ce point aveugle et sourd ? Il songe bien à des moments où elle le met en garde, l'avertit, lui donne des ultimatums, mais tout se trouble… il ne se souvient de rien. De quoi voulait elle parler, que lui reprochait-elle ? Il n'en a aucune idée… Heureusement ses amis sont là, font corps autour de lui pour le réanimer au désir, à la fête, et au groupe.

Lorsqu'il obtient un nouveau poste à haute responsabilité, il décide de « tourner la page ». S'ouvre alors un nouveau chapitre de sa vie : un célibat rempli d'expériences sexuelles furtives, chaotiques, plus ou moins anonymes. Un nouvel appartement. Progressivement se forme en lui une carapace affective défensive lui donnant l'impression de ne plus rien éprouver. La maladie grave de son père le surprend dans sa capacité à aller s'occuper de lui dans une sorte de dévouement ennuyeux. Tout se démolit : le père si dur, si fort, implacable, indéboulonnable, aujourd'hui mourant, se faisant dessus ; la mère, étrangement absente. Des frères et sœurs éloignés dans le monde. Même les peintures de l'appartement se défont chaque jour et tombent sur le plancher laissant de la poussière blanche. La mort de son père, quelques mois après la rupture avec Barbara ne lui arrache pas une larme. La cérémonie religieuse est vécue comme un devoir de plus dans une vie surchargée de travail. Vit-il à côté de sa vie ? Il se le demande. Parfois il se dit qu'il est devenu un pantin désarticulé s'agitant dans le vide pour gagner sa vie et donner au monde extérieur l'apparence d'une belle réussite.

Au moment où il vient consulter, il se questionne sur le sens de sa vie affective paradoxalement vide alors qu'une femme différente sort chaque jour de son lit. Les rencontres s'assimilent peu à peu à des passes où même le prénom n'est pas demandé. Importent les envies du moment, certaines formes (couleur de peau, taille de la poitrine, couleur et longueur des cheveux, formes du corps…). Dans son existence, plus trop de rêves ni de croyances. Il faut alors au moins éprouver du plaisir partiel. Tout le monde est content clame-t-il. Un mode d'assureur où ce dont il faut se couvrir c'est des dommages du lien. Pensant triompher de la perte dans cette posture d'invulnérabilité narcissique, il s'aperçoit peu à peu combien tout se démolit à l'intérieur de lui : une catastrophe déguisée en triomphe.

Winnicott rappelait que « la destruction ne se réduit pas toujours à une destruction de l'objet, elle peut également prendre la forme de négation de l'existence de l'objet ». Martin est parfois impressionné par certaines beautés, par certaines formes globales ; mais dès que l'acte est consommé, il aimerait qu'elles disparaissent aussitôt, il les partialise dans l'enchaînement et la démultiplication d'une série, d'une liste. S'il croit rechercher consciemment avant tout le plaisir, la compulsion de répétition l'amène à revivre une situation douloureuse et humiliante. Se croyant nouveau et libre, Martin ne voit pas combien sa nouvelle vie l'attache plus encore au souvenir fétichisé de Barbara. La charge affective est conservée intacte dans le formol de la compulsion de répétition. De passif, il est devenu actif. Il a été séduit et jeté, il est désormais celui qui séduit et jette. Le sujet et l'objet ont été intervertis, l'investissement s'est transformé en désinvestissement, la demande d'amour est devenue demande d'excitation sensuelle, l'intérêt pour l'autre est devenu indifférence. Dans la mélancolie, l'identification à l'objet se substitue au choix d'objet.

Martin est malheureux. Il reproduit sans cesse et sans le savoir un modèle qui le fige dans une sorte de mélancolie sourde à elle-même. L'indifférence affective qu'il inflige à ses partenaires est aussi dure pour lui que pour elles. Sa vie devient un gouffre dans lequel même ses rêves s'enfoncent lentement mais surement. Il « zappe » comme il dit : il ne veut plus s'attacher, et ne veut pas qu'on lui « prenne la tête ». En passant d'une scène à une autre, c'est comme s'il faisait défiler un paysage à toute allure sans avoir la possibilité de s'arrêter. « Quitter pour ne pas se faire abandonner et ne plus souffrir de la séparation » telle semble être sa nouvelle devise. Tout espace d'intimité est laissé vide par anticipation de sa destruction. Rien n'est construit de peur d'être anéanti. Comment décrire ce vide ? Plus rien ne tient dans le vide. Tout tombe. Ce vide, il faut le cacher. Et si des efforts surhumains sont accomplis pour maintenir – vue de l'extérieur – une bonne adaptation, c'est à l'intérieur que ça craque.

Le *zapping* relationnel de Martin peut être appréhendé du point de vue de la spatialité et la temporalité maniaque : fuite des idées, tachypsychie, interchangeabilité des investissements, vitesse, agitation motrice, quête de sensations, constituent des éléments du monde psychique maniaque mis en place pour lutter désespérément contre l'effondrement mélancolique. Chosifier les êtres, désaffectiver les corps, instrumentaliser les amis, c'est écraser les différences, affirmer son pouvoir narcissique. Les visées muettes des pulsions de destruction se déchaînent dans cette désaffectivation rituelle des êtres. Le *zapping* relationnel tient également en partie grâce au lien visuel et au sens du toucher. Il remplit l'esprit d'images sans laisser le temps pour l'élaboration. Succession d'impressions, de sensations, le *zapping* divertit plus qu'il n'apprend ou construit, il fragmente et délie, obéissant ainsi aux visées des pulsions de destruction. Cette stratégie défensive permet l'évitement de deux types d'angoisses relationnelles : l'angoisse d'intrusion (d'empiétement, de pénétration) couplée à l'angoisse d'abandon (elle-même reliée à l'angoisse de castration). Hanté par de telles angoisses relationnelles, la problématique du lien devient invivable… Cette quête maniaque sexuelle recouvre souvent une forte carence affective déniée. C'est un fonctionnement massif et clivé non ouvert à la surprise ni à la nuance.

Quelques mois avant la première consultation Martin a été ému par une jeune femme qui sortait du lot : belle, élégante, fine, intelligente, cultivée, vivace et curieuse, elle s'est intéressée à lui : elle (Julie) a voulu le sauver de ses expériences chaotiques et répétitives. Il lui a fait part de son impression de vivre à contre vie, l'a mis en garde sur le fait qu'elle ne devait pas s'attacher à lui, qu'il ne savait plus que détruire et démolir. Elle s'est accrochée… Dans un premier temps, il a cru que quelque chose était possible, mais la compulsion de répétition l'a emporté sur les tendances à l'*Éros*. Il reprend sa petite entreprise répétitive et destructrice, évite de répondre à ses messages... Aujourd'hui lorsqu'il en parle il ne sait plus s'il l'a aimé : la première fois qu'il a senti son « attachement » (à elle ou à lui, il ne saurait dire), un sentiment de malaise l'a envahi. Comme une boule au ventre d'abord puis une gène respiratoire lui donnant la sensation subjective d'étouffer. Il ressent cela comme quelque chose de pâteux, de collant, dont il faudrait se laver, se débarrasser, se purifier. Une souffrance difficilement nommable : une « angoisse » inexplicable.

Il l'a brisée, la traitant comme jadis Barbara l'avait traité lui-même. Elle est insultée, repoussée, haïe... Il se surprend dans son aptitude à blesser, faire mal, et surtout à devenir indifférent. D'un côté, il vit cette nouvelle capacité (d'insensibilité, de détachement froid) comme un triomphe : non, jamais plus, il ne souffrira à cause de l'amour. Il faut donc « couper les ailes de l'amour » à la source, et ce méthodiquement. C'est une perte volontaire, comme un suicide à la relation. Cette perte implique la négation de l'autre mais aussi la perte du sens. Tel un serment qu'il se fait à lui-même de manière peu consciente, il jure de ne plus jamais être l'esclave de ses émotions à l'égard de quelqu'un. Avec Julie, il s'est senti « mauvais » pour la première fois. Il a découvert le goût étrange de la cruauté. À certains moments, il la trouve plus belle lorsqu'elle pleure. Ce plaisir esthétique pour ses yeux, alors qu'elle se trouve dans un état de détresse, lui donne la conviction qu'il a réussi : oui, il est devenu invulnérable.

La jeune fille qu'il croyait solide, belle et saine ne s'en remet pas. Un mois après qu'il l'a quitté brutalement, elle est hospitalisée en psychiatrie après une tentative de suicide grave. Elle l'appelle avant son geste. Il ne répond pas comme il n'a pas répondu à tous les messages précédents.

Sa sexualité compulsive est décuplée. Ce n'est plus une femme chaque week-end mais plusieurs, successivement, dès que son emploi du temps le lui permet. Une consommation frénétique de cocaïne est associée à cette temporalité circulaire et fuyante. Il fait alors de nouvelles et ténébreuses rencontres, ne veut plus voir ses amis d'avant, ces « punaises collantes et normatives » qui s'inquiètent pour lui. Il change de numéro de téléphone. Les autres filles ? Des apparitions évanescentes : il n'y a plus de prénoms, plus même de visages, mais des corps à consommer. Sa consommation de cigarettes double aussi ; il frise les trois paquets par jour. « Jusqu'où ça va aller » se demande-t-il pris de perplexité face à un tableau de sa vie qui semble échapper à sa maîtrise ? Tout fout le camp, se disloque. La semaine précédant la première consultation, il s'est mis à saigner du nez, a été pris de douleurs intestinales. L'idée lui vient que son corps lui fait payer sa mauvaise vie. Une connaissance à lui, psychologue, à qui il aime parler de temps en temps lui a dit qu'il serait bon qu'il consulte dans l'état où il se trouve.

La nuit qui suit, il fait un rêve où il est jugé par un comité populaire où des femmes lui lancent des pommes pourries. Ces vieilles femmes sont effrayantes, édentées, aux cheveux ébouriffés, elles l'insultent et lui lancent des détritus. Il veut d'abord crier pour les faire disparaître, mais alors qu'il souhaite vociférer de toutes ses forces rien ne sort, pas un son. C'est un cri muet. Les femmes se rendent compte de son trouble et avancent plus près de lui. Alors qu'il tente de fuir, ses jambes se dérobent à ses mouvements, prises comme dans un sable mouvant qui l'aspire et l'immobilise dans la boue du sol. Les jambes courent pourtant dans la glue pâteuse ; mais plus il court et plus il s'enfonce. L'angoisse est telle qu'elle le réveille. Il se dit qu'il ne peut continuer ainsi sa descente aux enfers. Deux semaines plus tard, un rendez-vous est pris avec moi après que le psychologue lui a donné mes coordonnées. Les premiers temps de la thérapie sont difficiles : il demande beaucoup de conseils et ne semble pas comprendre que je ne souhaite pas répondre à ses demandes de « conseils » ou de « solutions ». Son acharnement à guérir est à la mesure des résistances à l'égard de la situation analytique. Le rythme pourtant léger d'une fois par semaine est difficile à tenir : il y a souvent une raison exceptionnelle pour ne pas être au rendez-vous. Je dois l'aider à arrêter de fumer et à stopper ses addictions. Il dit être toujours en état de choc après ce cauchemar lui ayant donné l'impression qu'il était en train de s'enterrer vivant. Alors que ce cauchemar est évoqué durant les deux premières séances, il accepte de le raconter seulement au cours de la troisième séance tant il a peur que la seule narration de ce rêve ne donne lieu à une poursuite nocturne de celui-ci. Je lui dis que le rêve non seulement n'a pas menti mais l'a peut être sauvé. Son rêve l'a mis en contact avec une part de lui-même qu'il voulait par dessus tout ignorer. Ce rêve lui montre quelque chose : il n'a plus de mots pour dire sa terreur, et il est paralysé. Ici, il peut trouver les mots pour donner des contours à ses angoisses et redonner à sa parole du mouvement.

Il a l'air soulagé de cette phrase qui lui permet de revenir sur les éléments du rêve d'une autre manière. Le rêve n'est plus uniquement une scène d'horreur à éviter, il est également un rêve ami lui ayant tendu la main pour qu'il sorte de la boue dans laquelle il s'enfonçait dans sa réalité quotidienne. Le rêve a réveillé une émotion, aussi terrible soit-elle, il ressent enfin quelque chose à l'intérieur de lui : de la terreur. Un an plus tard, il est parvenu à réguler par lui-même sa consommation toxique et frénétique de drogues et de corps anonymes. Il vit depuis 6 mois avec Nathalie, une femme de son âge. Avec elle il ne se sent pas « amoureux fou » mais « ça fonctionne ». Il souhaite seulement ne pas s'engager plus en avant. En séances il ne parle plus que de cela : pourquoi lorsqu'il part en vacances avec elle, il éprouve le besoin de cacher ce voyage commun à ses amis et à sa famille ? Pas de mémoire commune pour Nathalie. Il ne sait vraiment pas expliquer pourquoi il éprouve tant de mal à officialiser sa relation avec elle. En rentrant d'une semaine en Turquie avec elle, il ne comprend pas pourquoi il a dit à tout le monde être parti seul en Bretagne dans sa maison familiale. Les invitations aux mariages d'amis deviennent des sujets de torture interminable : doit-il la faire venir avec lui ? Doit-il mentir à Nathalie ? Elle doit rester secrète.

La séparation ici ne se joue pas avec Nathalie, elle se joue entre Nathalie et son environnement affectif à lui (familial et amical). Ainsi, sans être présentée au cercle des intimes, il peut encore la traiter comme il a traité les femmes anonymes autrefois. Or, le temps passe, et il devient de plus en plus compliqué de la cacher. Il justifie son hésitation à la présenter par son incertitude à la reconnaître comme « l'élue ». Je ne pense pas l'aimer, je ne me vois pas forcément vieillir avec elle. Elle veut s'engager, plus le temps passe plus le piège se referme sur moi. Elle me présente à ses amis, je connais sa famille… elle commence à me mettre la pression pour que je m'engage. Une sorte d'ultimatum lui est lancé. Il ne sait que faire. Inscrire c'est faire exister un lien ; la faire exister aux yeux des autres réactive ses angoisses d'intrusion et d'abandon.

Un jour il demande en séance : connaissez-vous le syndrome de Gilles de la Tourette ? Est-ce que ça peut exister en dedans ?

Moi : que voulez-vous dire ?
Lui : les insultes sont pensées mais non criées à l'extérieur. Elles saturent la pensée intérieure.
Moi : ça vous est arrivé ?
Lui : c'est quasi permanent.

Moi : dans des situations précises ?
Lui : surtout avec elle ou avec mon supérieur.
Moi : Comment ça se manifeste ?
Lui : la voix dévalorise tout. Elle insulte.
Moi : que dit-elle ?
Lui : « tu es une merde », « t'es nul », « t'es qu'un gros con ».
Moi : et ça sort pas ?
Lui : non ça reste rentré.
Moi : oui, c'est bien conservé.
Lui : quoi donc, de quoi parlez-vous ?
Moi : de Barbara.
Silence – lui : Quel rapport ?
Moi : ce sont les dernières phrases qu'elle vous a lancé que vous répétez inlassablement à l'intérieur de vous.
Silence – lui : Cette voix c'est bien la mienne pourtant. C'est la voix de ma pensée.
Moi : Cette voix ne vous quitte pas, elle, au moins. Elle est toujours là, même si c'est pour vous tourmenter.

Cette petite voix résulterait-elle d'une internalisation des restes de perceptions acoustiques d'un vécu traumatique ? Un reste de voix non symbolisé. La mémoire de l'événement traumatique est une mémoire qui n' a pas disposé d'assez de temps pour la constitution du souvenir. La constitution d'un souvenir s'opère par l'appropriation d'un temps propre à l'intériorisation d'un vécu. La scène traumatique du passé est devenu le sujet du présent amnésique. Et le présent, coupé de son avenir (coupé d'une croyance anticipatrice) bloque toute capacité à se souvenir. Restent alors les débris, ruines de son ancienne relation fétichisée. Échos mimétiques de voix, échos sonores, qui prennent le devant de la scène psychique. Martin se gargarise de ces mêmes mots qui l'ont tant fait souffrir. Je pense à cette fascination hypnoïde que l'on peut éprouver face à une scène traumatique. Répéter cent fois la même histoire, aller revoir cent fois les mêmes images... C'est d'ailleurs ce que fait la télévision lorsque un attentat a lieu : une répétition en boucle semblant créer une bulle de temps. Comme s'il fallait voir et revoir la scène, comme pour en user la signification et la charge affective.

Progressivement Martin quitte un fonctionnement limite pour revenir dans à un fonctionnement de type plus névrotique. Le conflit, au lieu d'être agi sur la scène externe, est progressivement intériorisé, aidé par le travail analytique. Son questionnement obsédant sur la qualité du lien qui le lie à Nathalie procède d'une ambivalence interne. Les sentiments sont plus nuancés, plus ambigus et l'alternance clivée idéalisation/dévalorisation est atténuée. Il lui reconnaît désormais aussi des qualités positives. Depuis plusieurs mois, je n'entends plus parler de la méchante petite voix. J'ai osé lui demander ce qu'elle était devenue : « Elle s'est bien calmée ; je ne l'entends plus guère, parfois aussi, elle est bienveillante. »

Transfert et séparations

Jacques André

C'était la dernière séance de Caroline, son analyse se terminait ce jour-là, après plusieurs années passées sur le divan. Elle se lève, règle les dernières séances, et au moment où nous allons comme de coutume, mais pour la dernière fois, nous serrer la main sur le pas de la porte, elle dit : « On ne va pas se quitter comme ça, on se fait la bise », joignant aussitôt le geste à la parole.

Deux ans plus tard, Caroline me demande un rendez-vous. Parmi les restes non-analysés de cette cure, quelque chose s'était joué autour des séances

---

Jacques André, professeur à l'université Paris-Diderot, Centre d'études en psychopathologie et psychanalyse (CEPP), psychanalyste APF.

manquées et de leur paiement. Caroline s'était toujours refusé à payer les séances qui coïncidaient avec certaines fêtes anniversaires de sa tradition familiale, qu'un fort sentiment de solidarité lui interdisait de manquer. J'en avais pour ma part toujours maintenu l'exigence, sans que ce conflit ne trouve son issue pendant la cure, Caroline y trouvant surtout le moyen de transformer la scène du transfert en scène de ménage. Faute d'avoir précisément compté les séances en question, c'est le chiffre d'une « dizaine » qui fixait entre nous la mesure du contentieux.

Ce qui faisait revenir Caroline deux ans plus tard, pour un unique entretien, c'était la vive angoisse qu'elle venait d'éprouver dans une circonstance bien particulière. On lui avait volé dans son sac son portefeuille, et tout l'argent qu'il contenait. Quand elle a découvert le larcin, lui est spontanément venue cette association : « C'est l'argent de Jacques André ! » Une sorte d'auto-interprétation sauvage qui désignait comme « volé » un argent qu'elle avait toujours affirmé avec force ne pas devoir. Ce rendez-vous, c'était donc pour me restituer l'argent en question, celui de la « dizaine » de séances... Sauf, dit-elle, qu'elle n'était pas sûre que j'accepterais, elle n'avait donc apporté que la moitié de la somme !

Reverrais-je un jour Caroline et l'argent manquant ? Difficile à prévoir, mais ce n'est pas le plus probable, tant ce reste entre nous est moins une dette qu'un trait d'union, un trait d'anti-séparation...

Une ancienne traduction de Freud, évoquant la fin de l'analyse et le destin du transfert à cette heure terminale, suggérait qu'il devait être *liquidé* ! Le mot en français sonne curieusement, il a les accents du meurtre. La chose s'entend parfois avec simplicité, à l'image de cet homme qui évoquait une première psychanalyse terminée depuis pas mal d'années, et qui crut bon de préciser : « J'ai mis fin à mon analyse en accord avec mon analyste. » C'est en tout cas ce qu'il *voulut* dire. On connaît cette phrase aussi rassurante que convenue, qu'il est étonnant d'entendre aussi dans la bouche de certains psychanalystes, commentant en ces termes la conclusion de leur analyse personnelle. Exit l'ambivalence, l'analyse devient enfin mutuelle, même si ce n'est qu'à la dernière heure, la dissymétrie constitutive de la situation cède la place à une réciprocité qui se rapproche de l'amitié. Ce n'est pas par hasard si c'est Ferenczi qui décrivait la fin de la cure comme le moment où se quittent « deux joyeux compagnons ». Donc, l'homme *voulut* dire : « J'ai mis fin à mon analyse en accord… » Heureusement nous avons les lapsus, ceux-ci montrent souvent une appétence particulière pour les phrases convenues, ces phrases déjà écrites, sans véritable auteur, que chacun ânonne quand l'occasion se présente. Là où il allait formuler une pensée consensuelle, c'est au contraire la pointe dérangeante du conflit qui fit soudain surface. Il dit : « J'ai mis fin à mon *analyste*… Non… » Trop tard, le poignard venait de tomber et le meurtre d'avoir lieu.

Freud, à propos de la fin de la cure, formule donc les choses ainsi : « Dans le traitement analytique, le transfert est lui-même objet du traitement et il est décomposé dans chacune de ses formes de manifestation. Au terme d'une cure analytique, il faut que le transfert ait été lui-même… *abgetragen*[1]. » De façon moins « argotique » que « liquidé », la traduction d'aujourd'hui a choisi « déblayé ». Du balai… c'est moins radical, mais guère plus respectueux. Le meurtre a quand même davantage d'allure, il est plus fidèle à l'amour-haine de transfert d'être tué que simplement jeté. De « liquidé » à « déblayé », on tombe de la tragédie au drame domestique. « *Abgetragen* » est un mot rare en allemand, son sens littéral est plus proche de *usé*… Charmante perspective, la cure à l'usure. À l'image de cet autre patient qui se demande sans trop y croire si son analyse prendra fin un jour : « C'est quand que vous partez à la retraite ? »

La remarque freudienne comme quoi le transfert devrait être « décomposé dans chacune de ses formes de manifestation », rapproche ce travail de terminaison du travail de deuil. Le deuil est douleur, mais le travail de deuil, lui, est plus spécifiquement déliaison, détachement ; se défaire du mort, voir le tuer une seconde fois (selon le mot de Lagache). Jusqu'à ce que la libido redevenue libre,

---

1. *OCF XIV*, 470 (GW, 471). Je suis les indications de traduction d'Alexandrine Schniewind.

puisse aimer à nouveau. Faut-il penser qu'il n'ait d'analyse véritablement terminée que dans la mesure où le transfert a réussi à actualiser la figure du meurtre, à mener à terme le mouvement du transfert négatif ? L'idée sonne juste, et l'on entend bien ce qu'il y a de défensif (et d'inanalysé) dans une formule comme « j'ai mis fin à mon analyse en accord avec mon analyste ». La difficulté n'est-elle que du côté de l'analysant ? Rien n'est moins sûr. Ce n'est pas toujours le patient qui a du mal à terminer l'analyse. Que l'on songe à cette version caricaturale de l'angoisse de séparation chez l'analyste, qui lui fait proposer à son patient, devenu lui-même « psy », d'être son premier superviseur.

L'analyse de Caroline fait à l'évidence partie de ces analyses qui prennent fin sans être terminées. La scène conjugale du transfert a souvent été agitée, mais les coups de rouleaux à pâtisserie ne sont pas des coups de poignard. Après coup, je me formulerai ainsi la difficulté : l'analyse lui avait permis, moins d'affronter un père que d'en *construire* la figure ; il est difficile de demander à une même et seule analyse, à la fois de faire exister, de rendre vivant, et en même temps de tuer.

Chaque analyse voit la séparation des deux protagonistes à sa porte, celle du transfert et de ses modalités toujours originales. Le cas le plus intéressant pour notre thème d'aujourd'hui est certainement celui où la question de la séparation constitue le cœur de la question, quand l'impossibilité psychique à se séparer règne en maître sur la vie sexuelle, relationnelle et symptomatique du patient – l'un des symptômes étant parfois la multiplication des expériences de type « psy », jusqu'à l'addiction ; une boutade cynique faisait dire autrefois, « c'est quoi un état-limite ? Quelqu'un qui a fait deux analyses et trois psychothérapies ».

Le défi lancé à la psychanalyse pourrait se formuler ainsi : dans quelle mesure l'expérience psychique de la cure peut-elle construire, éventuellement créer, la capacité à se séparer là où celle-ci est défaillante, voire non constituée ? L'acquisition de la séparation résulte d'une psychogenèse, celle-ci peut échouer, tout ou en partie. La dynamique du transfert a-t-elle les moyens d'y remédier ? On devine que la réponse n'est ni simplement positive, ni simplement négative, chaque analyste ayant l'expérience des patients *borderline* pourrait certainement faire part à cet endroit d'une expérience contrastée.

La séparation est en elle-même une différenciation, une distinction, et comme tout processus de différenciation, elle repose sur la négation, voire sur l'opposition : « Lui c'est lui, moi c'est moi. » Toute séparation trace ou retrouve une frontière, une ligne de démarcation. Cette solidarité de la séparation et de la négation rappelle une évidence : son processus n'est pas primaire, il ne relève pas du système inconscient, quand bien même il serait inconscient d'un point de vue descriptif. Il en va de la séparation comme de toute différence, elle est contre l'inconscient, contre ce lieu psychique qui ne connaît que le « oui » de l'accomplissement de désir. La question de la différence est un prisme qui permet un rapide inventaire des différents choix psychopathologiques : la névrose est une pathologie du conflit, elle se situe au point d'affrontement entre le « oui » de l'inconscient, qui ne cherche que sa satisfaction, et le « non » des systèmes supérieurs de la vie psychique, ceux qui veulent faire la différence : « oui avec ma femme, non avec ma mère ». Dans la névrose, les différences sont conflictuelles. Mais il est d'autres pathologies où l'envahissement par les processus primaires se paie de différences ignorées ou déniées. La perversion ne veut rien savoir de la différence entre les sexes ou les générations ; la psychose, de ce qui oppose le dehors et le dedans ; la mélancolie de ce qui démarque les vivants des morts ; l'état-limite, de ce qui distingue l'absence de la perte, la séparation de la disparition.

L'appellation *borderline* est paradoxale, puisqu'elle renvoie précisément à des configurations psychiques pour lesquelles le tracé des frontières est incertain. Nul mieux que l'analysant *borderline* confirme à quel point la séparation n'est pas une expérience psychique donnée à tout le monde. Et pourtant… pourtant quelque chose de la séparation fait bien partie des réquisits de toute nouvelle vie humaine, au moins sous deux formes : d'abord la naissance, qui opère objectivement la toute première séparation ; ensuite la relation à l'objet vital. Aucun nouveau-né affamé ne baise ses propres lèvres, spontanément il cherche à l'extérieur de lui-même la source d'apaisement du besoin. L'objet vital est mammifère, il est inné. On peut ainsi faire l'hypothèse suivante : là où la séparation (la capacité à se séparer) est acquise, elle s'étaye sur des expériences primitives qui sont d'abord biologiques et instinctuelles – « étayage » est cependant un mot insuffisant, qui fait l'impasse sur la complexité qui conduit et transforme du vital au psychique. Inversement, là où défaille la capacité à se séparer, cela suppose que quelque chose ait été endommagé ou détruit des conditions primitives inaugurales. Détruit par qui, par quoi, sinon par une réponse inappropriée, violente, de l'environnement humain, inconscient oblige.

Disposer d'une capacité psychique à se séparer n'a jamais mis personne à l'abri de la violence d'un déchirement quand la mort d'un proche ou une rupture amoureuse vient faire effraction dans une vie. La détresse de la séparation est également au cœur de la problématique œdipienne, à travers le drame de l'enfant tenu à la porte de la chambre des parents. Les effets régressifs entraînés par la douleur des séparations font l'ordinaire de la vie psychique, à l'image de cette jeune patiente qui anticipe sur une rupture sentimentale à venir toujours possible, en conservant par précaution des pots de bébé premier âge dans son frigo. Aucun névrosé, aussi « loyal » soit-il, n'est complètement à l'abri d'un moment « limite », dépressif ou addictif, à l'heure d'une séparation traumatique. Avant de pouvoir se dire « une de perdue dix de retrouvées », avant que l'objet ne retrouve sa substituabilité, nul ne peut faire l'économie d'un temps long de perlaboration du trauma. Reste que tout le monde n'est pas logé psychiquement à la même enseigne, sinon au regard des expériences historiques de séparation, mais surtout à l'aune du traitement dont celles-ci font l'objet.

C'est à Freud lui-même que l'on doit le modèle le plus convaincant de ce qu'est un traitement psychique réussi de l'expérience de séparation. Parce que ce pauvre enfant du jeu à la bobine [2] croule sous les gloses, je vais essayer de faire bref. Le jeu à la bobine est un jeu de la séparation, plus exactement une façon de *se jouer* d'elle. Un jeu en quatre épisodes. Parce que Pierre Fédida tenait beaucoup à installer une mélancolie générique au cœur de la vie psychique en général, il a particulièrement insisté dans son livre, *L'absence*, sur le premier temps. C'est avant la bobine et la ficelle, avant la possibilité de faire revenir un objet qui, une fois lancé, ne peut alors que disparaître. Jeu de la *disparition* et non de la *séparation*. L'enfant jette tout ce qui lui tombe sous la main et, sans un adulte qui ramasse, il sera bientôt privé de munitions. « De l'objet ou de l'enfant qui le jette au loin, lequel disparaît ? [3] », se demande Fédida. La réponse est bien sûr dans la question. Ce premier jeu serait donc le jeu d'un enfant qui joue sa propre disparition, sa propre mort, qui joue à l'enfant mort, tant il est vrai que cet enfant-là est

2. *OCF XV*, 284 sq.

3. P. Fédida, *L'absence*, Paris, Gallimard, 1978, p. 147.

pour la mère l'objet d'un amour inégalable, irremplaçable. Comme si l'enfant, par son jeu, allait à la recherche de la mélancolie maternelle, de ce lieu psychique en elle où l'objet, tombé sur le moi, l'envahit et le soumet sans reste. Lequel d'entre nous n'a pas imaginé être mort ou disparu pour faire enfin comprendre à l'aimé à quel point on lui est indispensable, à quel point on est *l'amour de sa vie* ?

La deuxième séquence du jeu est la plus connue, la plus commentée, d'abord par Freud, ensuite par Lacan, et par bien d'autres à leur suite : o-o-o-… a-a-a, *fort / da*, parti-revenu. Jeu à la fois de la séparation et de l'absence. Ce jeu montre un enfant qui a triomphé d'une difficulté psychique considérable et qui, en passant, invente le langage. La difficulté est la suivante, elle remonte à Platon et au *Sophiste* : y a-t-il un être du non-être ? Comment la mère, premier objet d'amour, peut-elle continuer à *être* alors qu'elle *n'est pas* là ? La bobine condense les deux : la mère présente, la mère absente, mais la mère toujours. On sait quelles sont les conditions psychiques d'un tel exploit : des processus fortement constitués d'incorporation, d'introjection, d'identification, autant de façons d'*être* ce que l'on ne peut jamais complètement *avoir*. Absent en réalité, l'objet d'amour dispose d'une rémanence intérieure qui permet de faire face à la séparation, et de ne pas confondre celle-ci avec une disparition. En toile de fond, chacun peut repérer la problématique œdipienne en train de se dessiner : la mère est absente pour l'enfant, pour qui est-elle présente ?

Je voudrais insister sur un point particulier, cette séquence de jeu est une exhibition à ciel ouvert de la sexualité infantile : activité, passivité, sadisme, masochisme s'en donnent à cœur joie, l'excitation incestueuse est à son comble, le jeu réalise un fantasme qui conjugue la possession et le meurtre et conduit l'enfant, sinon à l'orgasme, au moins à la jubilation. Mais ce n'est pas du tout ce qui retient l'attention de Freud, ni celle de Lacan. Or la présence du sexuel infantile à cet endroit, dans le rôle qui est le sien, est à mon sens d'une importance pratique, plus encore que théorique, tout à fait essentielle. Car c'est bien le sexuel, sa plasticité, qui permet de transformer une effraction traumatique, en elle-même angoissante et destructrice, en un jeu très excitant. Le sexuel, ici, n'est pas le refoulé, il est du côté du traitement psychique, au service de la transformation. Certes le jeu est répétition, mais il est aussi répétition de la satisfaction et pas seulement du trauma ; il est plus la répétition d'une trouvaille, d'une invention, que d'une entrave. Le sexuel infantile (qu'il ne faut pas simplement confondre avec Éros) ne disparaît pas du point de vue de la deuxième topique, mais lui aussi change de lieu. Il cède sa place d'inconscient par excellence aux pulsions de mort, il passe (en partie) du côté du traitement psychique et des capacités plastiques de transformation et de sublimation, il est l'opérateur du changement.

Le troisième épisode du jeu correspond à un moment où l'enfant est laissé seul par sa mère plus longtemps que d'ordinaire. La quantité traumatique augmente, la possibilité d'en venir à bout par le jeu diminue. Séquence winnicottienne, si l'on veut, qui met à l'épreuve la capacité de *playing* de l'enfant. Comme notre bambin est très doué, c'est-à-dire très autonome, il invente une variante dans laquelle la libido narcissique prend le pas sur la libido d'objet. Il passe du jeu de la séparation au jeu de la disparition, de *sa* disparition, comme si l'éloignement prolongé de l'objet aimé menaçait sa propre existence. À quatre pattes devant une psyché, un miroir sur pied, il joue en se baissant-relevant à se faire disparaître-réapparaître. La deuxième séquence distinguait l'enfant et la bobine, cette fois ils ne font plus qu'un. L'enfant ne dit plus *fort / da*, mais *Bébé/ fort*. Le moi du bébé est devenu l'objet, ce que le narcissisme et son miroir veulent dire. Jeu de repli pour les jours difficiles. Le sexuel infantile est toujours à l'œuvre, le risque est cependant celui d'une perte de plasticité, et donc de transformation. En effet, à la différence de l'objet étranger, le moi-objet n'est pas substituable.

Quatrième séquence. Elle est évoquée par Freud quelques années plus tard, dans *Inhibition symptôme et angoisse* [4], mais cette quatrième séquence pourrait bien être la première de toutes et la condition de possibilité de la construction du jeu et de son efficacité, de sa capacité à traiter l'événement traumatique. La première séquence était fédidienne, la

4. *OCF XVII*, 284.

seconde lacanienne (si l'on met l'accent sur l'opposition signifiante et l'invention de la symbolisation), la troisième winnicottienne, la quatrième, et en réalité première, serait plutôt laplanchienne. Cette fois la mère est là, c'est elle qui joue, elle joue pour son enfant, et en même temps elle se joue de lui. Scène de séduction s'il en est, scène sexuelle ô combien, où la mère prouve à quel point elle est excitante et désirable. Le jeu érotique adulte qui consiste à s'habiller, se déshabiller sous le regard de l'autre en conserve quelque chose. Se servant de ses deux mains jointes ou d'un foulard, elle joue à faire disparaître/réapparaître son visage. « Coucou… me voilà. » À noter qu'aucune autre partie du corps ne ferait l'affaire, seul le visage est à même de valoir pour le tout, à même de représenter l'objet total. Toutes les mères, loin de là, ne sont pas capables de jouer à un tel jeu, ne sont pas capables de mettre en scène leur propre disparition, de transformer la souffrance de la séparation en une érotique de l'absence. Un enfant peut-il jouer avec tant de plaisir à la bobine s'il n'a pas été précédé sur cette voie par les jeux de mains de sa mère ? Les cures d'enfant montrent à satiété à quel point les autonomies défaillantes prennent leur source dans les angoisses de séparation maternelles. Derrière un enfant qui ne peut pas lâcher sa mère, qui ne peut pas se décoller d'elle, il y a une mère qui n'a pas tout à fait *mis au monde* son enfant. Il ne suffit pas de sortir du ventre pour *naître* – « séparation » dérive de *parere*, « faire naître ».

Le sexuel infantile, d'abord celui de l'inconscient maternel, fait co-excitation de tout bois, il est capable de transformer un événement traumatique en un jeu érotique, un jeu auquel les adultes jouent essentiellement sur les quais de gare ou les plateformes d'aéroport, cette fois avec un mouchoir plutôt qu'avec un foulard. La question pratique pourrait se formuler de la façon suivante : la psychanalyse, la dynamique du transfert, sont-elles capables d'apprendre à jouer à la bobine à quelqu'un que la séparation/disparition ne fait pas rire du tout ? Bien des aspects de la situation analytique évoquent la configuration du jeu freudien, notamment le couple formé par « l'auto-érotisme du transfert » côté analysant (Fédida), et la façon côté analyste de s'absenter ; sauf quand il interprète, manière de dire « Coucou, me voilà ! » Le dispositif analytique s'adresse d'abord à ceux qui savent jouer à la bobine, qui non seulement supportent l'absence mais que celle-ci excite. Comment la psychanalyse peut-elle se réinventer pour faire face à des configurations psychiques qui ne jouent pas à ces jeux-là, voire qui s'y refusent violemment et ne jouent pas du tout ?

On constate dans ces cas-là un double déplacement : le premier porte l'attention de façon privilégiée vers les frontières du site (je préfère cette expression au mot « cadre », un mot qui a le tort de ne pas jouer), le second se tourne vers le contre-transfert. Le premier déplacement conduit du contenu vers les formes, les conditions de l'exercice. Le second met au premier plan l'inconscient de l'analyste, l'inconscient de « l'adulte ». Un double déplacement qui nous conduit en amont du jeu, dans l'espoir de le rendre éventuellement possible.

Lorsque le grand-père Sigmund observe son petit-fils, Ernst, jouer à la bobine, celui-ci a 18 mois. Rien chez lui de particulièrement précoce, comme le note Freud, mais un enfant qui respire la santé psychique, tout à fait capable d'être seul (en présence d'un *Nebenmensch*), installé de plain-pied dans les processus de symbolisation. Il n'y a à peu près aucune chance pour qu'une analyse de 18 mois permette à un analysant, incapable de métaboliser la séparation de pouvoir y parvenir. Un tel chantier psychique est aussi une affaire de temps. Pour que le découpage temporel opéré par une séparation soit psychiquement recevable : « l'objet était là, il n'est pas là, il reviendra », pour que puisse se mettre en place la triade passé-présent-futur, encore faut-il disposer en toile de fond d'un continuum, d'une continuité d'être qui permet au découpage de ne pas se transformer en déchiquetage. Il y a peu ici à ajouter à ce que Winnicott a théorisé. Comme le dit celui-ci, ce sont des périodes de la cure où l'analyste n'a pas grand-chose d'autre à offrir à son patient que sa ponctualité. Ce sont aussi ces patients avec lesquels on peut ressentir que trois séances par semaine, c'est bien peu. L'analyste est là à heure fixe pour une durée constante, il ne déplace ni n'annule des séances comme bon lui chante, il ne meurt pas, ses vacances se prennent à dates régulières, s'il s'ennuie, il n'en est pas détruit pour autant, s'il s'endort, il ne s'en prend qu'à lui-même. Il ne supporte pas, il porte ; la continuité d'être psychique de l'analyste n'est pas moins importante que celle du dispositif. Cette permanence, cette patience, quand elle opère, quand elle est féconde, est pour le patient comme une interprétation silencieuse du chaos qui désorganise sa propre relation au temps. Pour ce qui est de l'interprétation elle-même, le seul acte que l'analyste puisse commettre, il n'est pas rare qu'il faille attendre avant d'en retrouver l'usage. La chose peut se comprendre assez aisément : toute interprétation est au fond une *séparation*, elle brise le présent du transfert, son illusion, pour renvoyer d'une manière ou d'une autre l'analysant à l'enfant qu'il fut, et qu'il fut avec un autre que celui qui le porte aujourd'hui.

Faisons l'hypothèse d'un patient X à qui la permanence du site analytique permet de faire l'expérience inédite de la confiance dans un être proche. Comment sur fond de cet acquis, toujours plus ou moins fragile, la capacité de séparation peut-elle s'acquérir ? Toute réponse un peu développée serait nécessairement à chaque fois singulière. J'ai cependant noté à plusieurs reprises l'utilisation d'une donnée particulièrement précieuse du dispositif : le paiement des séances manquées. Ce qui fait râler jusqu'à la scène de ménage transférentielle certains patients névrotiques, ce qui met en rage d'autres patients persécutifs, est parfois accepté sans mot dire par certains patients *borderline*. C'est le cas de Julia.

Non seulement celle-ci n'arrive jamais à l'heure, toujours se fait attendre, mais il lui arrive fréquemment de ne pas venir. Jamais elle ne s'absente une semaine entière, *a fortiori* davantage, elle procède plutôt par alternance, un jour là, un jour pas là. La question du paiement n'a jamais été une question. Ces absences ne sont jamais anticipées, pas une seule fois elle n'a sollicité un déplacement de séance. Et surtout, point essentiel, jamais elle ne prévient. Si ce n'est pas tout à fait le jeu de la bobine, cela y ressemble, avec l'analyste dans le rôle de la bobine. Après un temps déjà long d'analyse, elle précisera que si elle prévient « la séance n'a pas lieu ».

Les mots sont simples, la complexité psychique sous-jacente à une telle formule est, elle, particulièrement grande. Julia est une patiente angoissante, cette angoisse contre-transférentielle se mesure au fait que je l'attends sans rien pouvoir faire d'autre quand elle n'est pas là. Sa présence psychique est alors à son maximum, plus forte que lorsqu'elle est sur le divan. Elle précisera également qu'elle-même ne peut pas occuper ordinairement le temps que dure la séance absentée. La séance a lieu, quand bien même nous sommes à des kilomètres l'un de l'autre. Qui suis-je dans cette affaire ? Tout autant la mère qu'elle n'a jamais eu, qui jamais ne l'a de cette façon *attendue*, qu'elle-même, enfant angoissée ne sachant pas faire la différence entre absence et disparition. Qu'est-ce qui permet que tout cela ne soit pas qu'angoisse et répétition, que cela permette à l'expérience de la séparation de peu à peu se constituer ? Où se situe la part du jeu ? Jamais elle ne donne les raisons de son absence, jamais je ne les lui demande. Comme si, sans trop le savoir, juste de façon intuitive, nous percevions l'un et l'autre qu'il ne s'agit pas de s'absenter *pour*, ou *parce que*… mais que l'absence n'a d'autre but qu'elle-même, ou plutôt son contraire : faire l'expérience de la présence psychique de celui qui n'est pas là. Être absent pour être présent, pour manquer. Il n'est pas excessif, je crois, de dire que les absences de Julia étaient alors, paradoxalement, les manifestations les plus fortes de son amour de transfert.

La contribution décisive du contre-transfert à une telle séquence (ici sous la forme de l'attente angoissée), souligne à quel point l'analyse dans un tel moment est un procès sans sujet. Qui conduit, qui dirige la cure ? Une connivence inconsciente dont il est, je crois, dommageable de trop vite se dégager. Si l'analyste comprend trop tôt ce qui se passe, il résistera difficilement aux sirènes de l'interprétation, au risque de briser un mouvement qui demande d'abord à pouvoir se dérouler jusqu'à terme. Le contre-transfert, dans cette cure, prit également une autre forme, plus classique, celle d'un acte commis, d'une transgression. Mon inquiétude pour Julia dépassa un moment les ressources de ma patience. Je lui dis la chose suivante : « Avec vous, il est inutile de formuler la règle fondamentale convenue : dites tout ce qui passe par la tête… vous ne faites rien d'autre. Il faudrait réinventer la règle et dire par exemple : soyez là aux séances. »

Effet immédiat, sinon définitif... je venais de réinventer la psychanalyse rien que pour elle, indiscutable scène de séduction, sans doute davantage ici celle d'un homme, d'un père, que d'une mère. Comme si l'analyste, à ce moment-là, introduisait lui-même un sexuel jusque là trop éthéré. Que l'on songe à la multiplicité des actes de séduction de Winnicott, tels que les rapporte Margaret Little dans le témoignage de son analyse avec lui : augmenter le temps des séances, offrir des petits gâteaux...

Le sexuel infantile peut bien être relativement absent d'un matériel dominé par le vital, la destructivité... il est par contre douteux que l'analyse puisse faire son œuvre de transformation (pas seulement de guérison) sans que la plasticité du sexuel ne s'empare du transfert, et du contre-transfert. L'hystérisation de Julia en portera le témoignage, sa façon notamment à devenir sensible à ce qu'elle appellera mes « ratés », par exemple quand elle m'entendra sourire. Hystérisation cependant n'est pas hystérie, la première se confond avec le vecteur du transfert, et c'est la plupart du temps une erreur technique que de l'interpréter.

Ce qui chez Julia trouve sa dynamique, échoue à se constituer chez Amélie. Ces deux jeunes femmes brossent le portrait de mères relativement semblables. De ces mères qui ont fait couler beaucoup d'encre, depuis l'article inaugural d'Hélène Deutsch sur les personnalités *as if*, jusqu'à la mère dépressive et chaotique de Winnicott ou la mère morte de

Green. Ces mères posent peut-être à la problématique de la séparation la question la plus difficile : comment se séparer de quelqu'un qui n'est pas là *quand il est là* ? L'accrochage, l'addiction de l'enfant à l'être pour lequel il n'existe pas, auquel il est indifférent, est un des plus douloureux paradoxes qui soit. Compulsion de répétition oblige, cela donne des vies affectives adultes très démunies, quand le choix est à détermination négative : élire pour compagnon celui pour lequel on ne compte pas.

Amélie, malheureusement, ne manque jamais de séance, elle est toujours-là. Elle a d'abord profité de la cure, plus sur le mode de la guérison que du changement, notamment sa fragilité narcissique qui a trouvé dans la « bienveillance » de celui qui l'écoute un précieux contrepoint, une source nouvelle pour l'estime de soi… jusqu'au jour où s'est décillée l'illusion transférentielle, l'illusion de l'incarnation. « Je ne pourrai jamais *vous* parler. » Sous-entendu : parler à un psychanalyste, c'est ne jamais en rencontrer la personne. *Parler à personne*, le jeu de mots qui sauve Ulysse de la violence du cyclope, définit au contraire le tragique d'Amélie. Jamais elle n'a parlé à son père ou à sa mère, jamais ils ne lui ont parlé… les mots, bien sûr, n'ont pas manqué, ni même les bavardages, mais de parler à entendre, ce trajet qui transforme les mots prononcés en un *événement*, une « parole pleine », de ça elle n'a pas l'expérience. Le paradoxe est que ce moment de désillusion est plus que jamais transférentiel et actualise un parent introuvable, désincarné, indifférent.

Comment en sortir ? Que faire ? D'où peut venir le pas de côté qui dégagerait une telle analyse de sa forme quasi tautologique : j'ai toujours parlé à personne, ça continue, le principe même de la psychanalyse m'y condamne… Comment faire pour que cette analyse ne vire pas à l'interminable, que nous puissions nous séparer ? Pour se séparer, encore faut-il se rencontrer. Il est douteux que l'on y arrive sans que le contre-transfert s'en mêle, celui-là même qui fait soudain exister la personne de l'analyste. Le problème c'est que l'on ne peut faire technique de l'acte contre-transférentiel, sauf à transformer la conduite de la cure en manipulation. Je ne vais pas dire à Amélie : « Pour vous il faudrait réinventer la règle : de temps en temps, absentez-vous… et payez les séances manquées. »

Au gré de l'expérience, la psychanalyse alterne réussites et échecs, même s'il faut se garder de donner à chacun de ces mots une valeur trop entière. On mesure à quel point l'article de Freud de 1937, *Analyse avec fin, analyse sans fin*, avait valeur programmatique pour les lendemains de notre pratique. Ce texte contient une phrase le plus souvent passée inaperçue et qui pourtant déplace sensiblement le lieu psychique de la tâche pratique, puisqu'à la visée première, la levée du refoulement secondaire, succède la nouvelle perspective, la correction du refoulement originaire. Dans le premier cas, la sexualité infantile est l'enjeu de la cure, c'est elle qu'il s'agit de libérer en lui permettant de trouver d'autres issues que l'entrave du symptôme. Dans le second cas, la sexualité infantile est ce qui permet au travail du transfert et du contre-transfert, de rendre de la plasticité psychique à ce qui s'est enkysté, immobilisé, et qui n'est pas nécessairement de nature sexuelle, ou pas seulement.

Entre réussite et échec, il existe bien des situations intermédiaires, où quelque chose de l'angoisse liée à la séparation s'élabore sans que s'effacent pour autant les traces de l'ancienne souffrance. Valentine n'était plus qu'à quelques séances de la fin de son analyse dont la coïncidence avec les vacances d'été avait été convenue. Elle se demandait si elle me reverrait un jour, si elle pouvait me rappeler au cas où, si elle pouvait m'écrire de temps en temps… graves questions, mais énoncées avec légèreté et une pointe d'humour. J'accompagnais le mouvement sur le même ton :
– Un petit mot pour le jour de l'an ?
Après un bref silence, elle dit : « Non… plutôt pour la fête des Mères ! »

La séparation à la lettre

Paul Denis

En souvenir de Jean-Claude Arfouilloux

D'une certaine manière l'au revoir est plus difficile que l'adieu. En effet si pénible soit-il, l'adieu imposé par une disparition irréversible, oblige au deuil, à un désinvestissement inéluctable, progressif et aussi large que possible, ainsi qu'à des phénomènes d'identification durables. La séparation qui peut se définir comme une perte momentanée, relative et révocable, destinée à ne durer qu'un temps, comporte à la fois une impossibilité au contact immédiat et la promesse d'un retour. Sa caractéristique essentielle est que celui ou celle qui s'en va

---

Paul Denis, psychiatre, psychanalyste, membre formateur de la SPP.

inflige une forme d'injonction paradoxale à l'autre car elle se manifeste à deux niveaux : à un niveau verbal « je t'aime » tandis que le niveau agi exprime le contraire : « je pars », c'est-à-dire « je ne t'aime pas ». Tu sais que je t'aime puisque nous nous retrouverons, mais cependant je pars : « Tu sais bien, mais quand même… », la formule impose un clivage à l'interlocuteur qui ne peut que le subir et se dire (ou refuser de se dire) : « je t'aime parce que je constate que je te hais de t'en aller ». Selon l'expression de Gérard Bayle : « Tu cliveras ton prochain comme toi-même », c'est ce que fait celui qui s'en va, les séparations sont déchirantes…

La situation de séparation oblige le sujet à un désinvestissement partiel, temporaire et donc à un travail psychique spécifique dont le prototype est « le jeu de la bobine » mais dont les variantes sont multiples et riches de créations visant à combler l'absence sans nier la réalité de la situation. Car l'au revoir – le travail de la séparation – prépare les retrouvailles : trop voisin du deuil il aura estompé l'objet psychique qui ne pourra plus correspondre avec la personne retrouvée, à l'inverse s'il maintient le surinvestissement de l'image de l'objet de façon trop psychiquement présente, une forme de nostalgie ou de dépression qui fait écran à d'autres investissements peut s'installer : le travail de la séparation doit maintenir un « objet de correspondance » assez vivant mais qui n'occupe pas tout l'espace psychique et qui puisse résister au retour en présence de son modèle.

Un effet de la séparation : l'idéalisation et la négation de l'ambivalence

Les lettres, les correspondances échangées avec la personne dont on est séparé portent la marque de ces effets de la séparation. Balzac, orfèvre en séparation et amant de Mme Hanska, mais seulement par lettres pendant des années et ensuite charnellement mais par intermittences, sera la proie du clivage introduit par la séparation ; il écrit des lettres passionnées à l'élue et dans le même temps poursuit des liaisons parallèles, vit pratiquement en ménage avec Louise de Brugnol, sa servante maîtresse, dont la belle étrangère finit par être fort jalouse.

Balzac a écrit deux romans où la correspondance entre les amants illustre deux aspects de ce clivage particulier à la séparation. Tous deux correspondent à un moment particulier des relations entre Balzac et sa belle Polonaise. Le premier, *Modeste Mignon*, décrit les effets de la séparation d'emblée, celle qui précède toute rencontre directe. *Modeste Mignon*, dédié à Mme Hanska, qui a composé elle-même, puis détruit une nouvelle sur ce thème, est directement inspiré de la rencontre, par lettres, avec celle-ci. La séduction exercée par l'œuvre de Balzac sur « l'étrangère » est telle qu'un jour elle lui écrit son admiration et son amour ; elle deviendra sa muse, puis sa maîtresse ; ils seront ensuite séparés pendant huit ans sans se voir, nourrissant une correspondance constante, leur mariage n'interviendra que cinq mois avant la mort de l'écrivain. Balzac a sans doute été sensible à l'écart existant entre la réalité de sa personne et le personnage qui s'était construit dans l'esprit de la belle polonaise. C'est cet écart qui est le ressort de *Modeste Mignon*. La jeune fille du roman, Modeste, tombe amoureuse, sur ses écrits, d'un poète qui signe Canalis. Elle voit un portrait gravé de l'écrivain à la vitrine d'un libraire, portrait « sublime par nécessité mercantile » et cherche à le joindre *via* son éditeur demandant à celui-ci s'il est marié. La réponse moqueuse de l'éditeur arrive comme « un pavé sur une tulipe » mais Modeste perçoit la raillerie et ne se décourage pas ; elle écrit à Canalis une lettre où son amour, sa disponibilité, transparaissent : « Qu'est-ce que ce papier plein de mon âme aura de plus que toutes les lettres parfumées qui vous harcèlent ? » Mais le poète qui la reçoit est un petit homme sec, à la figure vituline [1]. Quant à ses écrits « ces morceaux câlins, naïfs, pleins de tendresse [...] cette caressante poésie femelle a pour auteur un petit ambitieux serré dans son frac... » Canalis, vieux routier des lettres d'admiratrices et qui connaît l'écart entre le contenu des lettres et la réalité de celles qui les écrivent, méprise la lettre mais son secrétaire et ami Ernest La Brière est touché du ton de celle-ci et se met à répondre aux lettres qu'il signera Canalis. « Écoutez la vérité toute entière, ne vous la dois-je pas en retour de votre enivrante flatterie ? [...] on s'aperçoit bientôt qu'un

1. Un visage de veau...

homme supérieur est, en tant qu'homme, semblables aux autres [...] Il en est alors d'un poète célèbre comme d'une femme dont la beauté trop vantée fait dire "Je la croyais mieux" à qui l'aperçoit ; elle ne répond plus aux exigences du portrait tracé par la fée à laquelle je dois votre billet, l'imagination. » L'imagination – ou si l'on préfère, l'idéalisation – est à la fois le ciment et l'ennemi de la relation à distance, que les échanges aient lieu par lettres, ou par les moyens d'aujourd'hui. Mais l'amour flambe entre les amoureux séparés qui ne se connaissent que par leurs épanchements épistolaires, tous deux ont un faux nom, pseudonyme pour Modeste (les « pseudos » ne sont pas d'aujourd'hui...) et fausse identité pour Ernest qui se trouve en situation d'imposture. Pour chacun d'eux « l'objet de correspondance » est une création, certes échafaudée sur des lettres, mais dont le modèle est inconnu. Il y a dans la séparation une virtualisation de l'objet aimé.

Le clivage de l'objet de séparation est en somme figuré par les deux personnages : Canalis le cynique d'un côté et de l'autre Ernest le bon jeune homme. L'impossibilité de relations corporelles alimente l'idéalisation sur le modèle de ce que Freud indique dans les *Trois essais*... : la surestimation de la femme qui se refuse... Surestimation de l'autre inaccessible. Lorsqu'Ernest décide de lever la supercherie, toute l'estime de Modeste pour lui s'effondre entièrement. L'ambivalence – jusque-là déniée chez la jeune fille, déniée pour que celle-ci n'écoute pas « la voix poussive du monde réel » – apparaît mais ne laisse plus déferler que son versant destructeur.

Le second roman *Albert Savarus* a été inspiré – que dis-je ? dicté –, une dizaine d'années après, par une lettre de rupture envoyée par la même Mme Hanska peu après l'annonce de la mort de son mari, décès qui devait permettre le mariage des amants. Elle lui écrit « Vous êtes libre », lettre qui plonge Balzac dans le désespoir et une entreprise de reconquête ; Savarus est le portrait d'un Balzac irréprochable, désespéré par la décomposition de son projet.

Albert Savarus aime une duchesse italienne (la Duchesse Francesca d'Argaiolo) et veut se faire une situation et une fortune pour le jour où mourra le duc et où il pourra épouser sa veuve. Les deux amants séparés s'écrivent, la correspondance est leur seul lien. Savarus choisit Besançon pour y conquérir un mandat de député et s'y bâtir une situation digne de sa bien aimée. Annoncé comme un homme de grand talent, il aiguise la curiosité d'une jeune fille, Rosalie de Watteville, beau parti de la ville, qui cherche à percer le mystère de cet homme et de son indifférence à son égard. Elle tombe amoureuse de lui, d'un amour passionné et possessif ; elle détourne la correspondance des amants : « Ce fut quelque chose de simple et de formidable. Mlle de Watteville avait supprimé les lettres d'Albert à la duchesse et celles par lesquelles Francesca annonçait à son amant la maladie de son mari [...] [et] celle où elle lui disait qu'elle était veuve. » Puis elle a imité l'écriture de Savarus et a répondu « à la nouvelle de la mort du duc d'Argaiolo par la nouvelle du mariage d'Albert avec elle-même », provoquant la rupture ; la duchesse répond en effet : « Vous êtes libre, adieu. » Savarus désespéré ne comprend rien, tente sans succès de retrouver sa duchesse et finit par se faire moine. Les fausses lettres de Rosalie annonçant faussement une infidélité illustrent les tentations et les fantasmes d'infidélité induits par la séparation, le clivage entre la fidélité aux sentiments et les désirs de la sexualité... Le personnage de Rosalie figure le mauvais génie destructeur qu'engendre toute séparation.

La situation de séparation

Toute séparation est d'abord l'interruption d'un commerce sexuel, direct ou « inhibé quant au but ». Dans l'échange actuel avec une personne présente, le fonctionnement psychique s'organise d'une certaine façon, il évolue en suivant une route où la réalité est toujours présente où « la voix poussive du monde réel » reste entendue. Un compromis relationnel s'instaure, une configuration pulsionnelle se met en place comme une voilure que l'on établit en fonction d'un cap et des conditions météorologiques.

L'objet de présence

Toute relation est ainsi l'occasion d'une configuration pulsionnelle particulière organisée dans les échanges avec la personne qui en est l'objet ; un certain équilibre dans le jeu de l'emprise et de la satisfaction s'établit, sous tendant le fonctionnement psychique. Cet ensemble dessine les contours d'un jeu psychique par l'intermédiaire duquel la relation s'établit. Il n'y a en effet de contact qu'indirect entre l'esprit et les personnes du monde extérieur. Le « contact » avec autrui ne s'établit qu'au moyen d'une construction psychique, qui va se perfectionnant au fur et à mesure que les échanges se développent. L'objet psychique ainsi constitué assure l'interface entre le sujet et la personne investie. En d'autres termes l'investissement, les phénomènes de transfert, la sollicitation pulsionnelle et les réponses auxquelles elles donnent lieu, tout le jeu des représentations établissent un portrait qui correspond plus ou moins avec la réalité de la personne que l'on pratique. C'est à travers ce portrait, cet « objet de présence », que sera perçu – c'est-à-dire interprété – ce qui vient d'autrui. Cette interprétation modifie au fur et à mesure le portrait du partenaire, figuration dont la physionomie évolue selon les vicissitudes de la relation. L'objet ainsi créé est un objet mouvant, nourri de l'interprétation de toutes les expériences vécues avec « l'objet en personne ». Il s'associe de façon plus ou moins étroite avec les objets internes constitutifs du moi, mais conserve une situation de relative extériorité par rapport au cœur même du psychisme. Plus cet objet est investi et plus son lien aux objets internes est étroit au point de pouvoir les entraîner dans sa chute. C'est à travers cet « objet de présence », à travers cette image de l'autre que le psychisme se nourrit, s'organise, momentanément ou durablement, la permanence de cet investissement soutenant la continuité du fonctionnement psychique. L'objet de présence, dont l'objet en personne a été le motif, joue un rôle essentiel dans la cohérence du psychisme et constitue en quelque sorte le tuteur de l'objet interne ; mais lorsque l'objet interne dépend entièrement de son contact à l'objet en personne et n'a pas de permanence en dehors de lui, le sujet sera particulièrement vulnérable à la séparation d'avec lui, séparation qui sera vécue comme une perte.

Séparation, trahison

La séparation bouleverse le cours ordinaire de la relation et de l'ensemble fonctionnel qui s'est mis en place. Les satisfactions éprouvées avec autrui font tout à coup défaut et « l'objet de présence » est privé de son appui extérieur : le sujet est contraint de trouver un autre équilibre, de réorganiser ses investissements. La séparation joue à plein lorsque l'autre est un objet d'amour, très investi et autour duquel gravite une part importante du psychisme.

Le premier effet de la séparation est donc de provoquer une désorganisation plus ou moins grande déclenchant ainsi, peu ou prou, un vécu de dépersonnalisation sous la forme d'un sentiment de désorientation – « qu'est-ce que je fais là ? » se dit-on sur le quai de la gare où s'est accomplie l'absence –, sentiment d'étrangeté, plus ou moins assorti d'angoisse. L'objet de présence se trouve immédiatement altéré en l'absence de son support extérieur qui le prive des sensations ordinaires qui en soutenaient l'investissement : pire, le modèle, par le forfait de son absence, force l'introduction d'un élément nouveau dans son image : la trahison. La séparation va précipiter la transformation psychique de « l'objet de présence » qui va se dégrader.

La perte du contact

Si nous nous situons dans la perspective que nous avons proposée quant à l'organisation pulsionnelle, l'absence de l'objet aimé vient toucher les deux formants de la vie pulsionnelle, à la fois le registre de l'emprise et celui de la satisfaction.

L'absence de toute possibilité d'emprise directe sur la personne absente prive le sujet de son pouvoir d'appropriation sur elle. « Perdre, c'est d'abord perdre de vue » dit Pontalis. Les investissements en emprise, pourtant, non seulement ne désarment pas mais sont au contraire exacerbés par la suspension des expériences de satisfaction. L'emprise va s'ingénier à abolir la séparation : tapis volants modernes susceptibles de vous transporter en quelques heures auprès de la personne aimée, courrier instantané, téléphone portable, « textos »…

Mais ces procédés ont leurs limites et la séparation confronte, au bout du compte, le sujet à l'impuissance de ses moyens d'emprise ; il se retrouve alors dans la situation de l'enfant qui joue à la bobine, amené à transposer ses investissements en emprise sur un support symbolique que l'on puisse jeter et faire réapparaître… Tel est en effet le dilemme de la séparation : organiser des investissements ambivalents, supporter la haine pour l'objet absent – le désir de s'en venger, de le remplacer provisoirement ou de le jeter définitivement – tout en lui conservant son amour pour le faire revenir et préparer les retrouvailles avec lui : organiser l'ambivalence en l'absence de l'autre.

Le trop plein de la séparation

L'absence de toute possibilité de satisfaction directe avec la personne élue renvoie le sujet au monde de ses représentations et à cette part de satisfaction dont leur évocation reste chargée, c'est-à-dire à diverses formes d'autoérotisme. Mais la séparation soulève un orage dans le ciel des représentations. En effet la séparation d'avec une personne qui soutient une certaine configuration objectale et fonctionnelle vous précipite dans un autre mode de fonctionnement et vous livre à d'autres objets psychiques et non pas au vide. En effet il n'y a pas de vide psychique et la séparation n'induit pas « le vide » mais renvoie à d'autres figures qui surgissent dans l'espace laissé par l'absent, pour des revenants, et pour un trop plein d'excitation car celle-ci ne trouve plus sa voie ordinaire d'investissement et de détente.

Dans l'organisation qui entoure l'enfant au début de sa vie celui-ci, laissé par sa mère, est livré à la *baby-sitter*, à son père, à sa grand-mère…, à une personne que l'enfant doit investir et par rapport à laquelle, *nolens volens*, il se réorganise. Jouer à la bobine avec la personne présente ? C'est souvent le cas, l'investissement ambivalent se trouvant transposé sur le nouveau visage ; il faut avoir sur cette personne une maîtrise qui vienne nier le désarroi de l'enfant, il faut la rejeter, la faire revenir de la bobine, procédé dont grand-mères et *baby-sitters* connaissent les vicissitudes. Mais toutes les formules sont possibles qui aménagent diversement l'ambivalence à l'égard de l'absent, du refus de tout investissement des personnes présentes – par peur de perdre la figuration de l'objet –, à leur investissement massif, de l'idéalisation immédiate de la mère absente à son rejet interne ou à la projection de tous les éléments négatifs sur l'adulte présent conduisant parfois à l'exercice d'une sorte de *baby-sitteromachie* destinée à faire revenir la mère. Et chez l'enfant plus grand ou chez l'adulte le mécanisme psychique est analogue : la disparition du contact direct avec la personne qui soutient le fonctionnement du psychisme livre le sujet à ses objets internes privés de la médiation jusque-là assurée par la présence de l'interlocuteur habituel. La psychopathologie de la vie quotidienne nous apprend que les personnes présentes en l'absence de l'objet aimé font facilement les frais des perturbations soulevées. D'autre part, de la qualité des objets internes auxquels la séparation rend la liberté dépendra la tonalité du vécu de la séparation. La séparation, même justifiée et raisonnablement admise, reste infligée et ressentie comme un acte sadique de rejet. Elle renvoie de surcroît à une situation infantile d'exclusion qui soulève une résurgence des fantasmes issus du fantasme originaire de scène primitive : celui qui s'en va, pour l'inconscient de celui qui reste, le fait pour retrouver quelqu'un d'autre, mieux aimé. La personne dont le sujet est séparé est imaginée comme donnant à un autre le plaisir qu'elle lui donnait, confrontant le sujet à une édition nouvelle du fantasme de scène primitive. La séparation humilie : si l'autre s'en va, c'est que le sujet n'a pas de quoi le retenir, en ce sens angoisse de séparation et angoisse de castration sont confondues. La séparation amorce une persécution.

Le travail de la séparation

Le travail de la séparation va résulter de la mise en œuvre de divers procédés, plus ou moins associés et dont le rôle est variable suivant l'époque de la vie où survient la séparation. Nous laisserons de côté certains d'entre eux, très massifs dans leur mise en œuvre, aboutissant en fait à consacrer la perte et à faire quitter au sujet le registre de la séparation au sens où nous l'entendons. Certains de ces procédés visent à pallier l'absence de l'objet en cherchant à provoquer les effets de sa présence ; c'est le cas de l'imitation telle que Eugenio Gaddini l'a comprise : produire soi-même, sur soi-même, les effets de la présence de l'absent et singulièrement de la mère absente. Les lallations qui reproduisent la voix de la mère sont ainsi un moyen pour le tout petit de se procurer à soi-même un équivalent sonore de sa présence, les conduites précoces d'auto-bercement en sont un autre exemple. Il s'agit pour l'enfant de reproduire sur lui-même les effets sensoriels de l'emprise maternelle. Ultérieurement l'adoption de conduites vestimentaires, reproduisant l'emprise par le vêtement exercée par la mère ou la personne aimée, sont aussi de ce registre. Se soumettre à l'emprise du partenaire en son absence même… Frénésie d'achats de vêtements, qui plairaient à l'absent, ou de sa couleur favorite, juste après une séparation. Mais le devenir des investissements en emprise que le sujet pouvait appliquer à l'autre constitue un point clef des situations de séparation. L'interruption du courant d'expériences de satisfaction provoque le déplacement d'une grande part de l'investissement vers le registre de l'emprise exacerbant le désir de possession de l'objet, apparaissent alors des représentations sadiques à son égard, l'idée de sa mort qui en libérerait… L'ambivalence jusque-là bien tempérée dans les échanges au jour le jour voit son pôle haineux renforcé et le maintien des représentations porteuses de satisfaction se trouve grandement menacé.

La voie la plus caractéristique du travail de la séparation est la transposition des investissements en emprise sur un autre support d'investissement, personne présente sur laquelle sera exercée une emprise éventuellement vengeresse, ou medium plus ou moins malléable : activité d'écriture – lui écrire –, de dessin, de création en général ou de bricolage ou plus prosaïquement de ménage, de nettoyage, de mangeaille (il est des mouvements boulimiques déclenchés par une séparation) ; mais il peut s'agir aussi d'activités corporelles destinées à rejoindre quelqu'un – déambulation, conduite automobile… – où à le détruire : sport violent, feu de broussaille… Parmi ces activités nombre relèvent de la sublimation et constituent des victoires sur la séparation, d'autres sont catastrophiques. De ce point de vue le jeu de la bobine peut être considéré comme prototypique des activités d'emprise transposées qui font partie du travail de la séparation : je fais partir et revenir, façon de nier symboliquement la perte de tout pouvoir sur l'objet absent. Un tel jeu psychique permet de maintenir le plaisir de fonctionnement du moi, l'évocation de représentations porteuses du plaisir des retrouvailles, une attitude active à l'égard de l'objet, et d'éviter aussi bien la détresse que le risque de surinvestir l'ombre de l'objet de façon statique et douloureuse, ne permettant plus le moindre plaisir au fonctionnement du moi et organisant alors un mouvement dépressif.

L'objet de correspondance

Le jeu de la bobine permet à l'enfant de maintenir affectivement le contact avec l'objet de la séparation et, ce faisant, de maintenir l'organisation de son fonctionnement psychique. Il constitue un excellent reflet du travail psychique très particulier exigé par la séparation et montre l'utilisation d'une sorte d'objet relais – figuré matériellement par la bobine dans le cas *princeps* de Freud, mais habituellement dématérialisé – que l'on peut retrouver au cœur du système psychique mis en place dans les situations de séparation. Nous pourrions appeler cet objet relais « l'objet de correspondance ». Il provient directement de « l'objet de présence » que nous avons évoqué plus haut. Celui-ci privé des afférences issues de la présence de la personne investie, perd sa plasticité, cesse d'évoluer d'instant en instant pour s'établir, se figer, dans une configuration modifiée par la frustration et les réactions du sujet à celle-ci. Son rôle d'interface consacrée au contact immédiat disparaît pour organiser à la fois l'ambivalence et le maintien de l'investissement à distance dans l'attente des retrouvailles. Cet objet, nouveau du fait de son altération et de son changement de rôle, doit se maintenir en correspondance avec son support extérieur initial, sous peine de perte définitive. Le sujet s'adresse à lui, maintient avec lui un dialogue intérieur, qu'il lui écrive ou non. Cet objet psychique qui n'est plus soutenu par les apports du contact direct avec la personne qui lui correspond, se trouve maintenu à la périphérie du psychisme en ce sens qu'il n'est pas l'objet d'une introjection qui le fondrait au moi ; conservant des caractères d'extériorité par rapport au fonctionnement psychique, il se situe en situation intermédiaire entre monde interne et monde extérieur, à la manière d'une imago [2]. Il diffère de l'objet transitionnel en ce sens qu'il est le représentant interne d'un personnage précis du monde extérieur et correspond à un investissement objectal tandis que, dans le fonctionnement de la transitionnalité, le support matériel, l'objet transitionnel, est le représentant extérieur de la continuité narcissique du sujet. Alors que l'objet transitionnel, dans sa matérialité, est le double externe de la représentation qu'il soutient, l'objet de correspondance, objet virtuel, a davantage les caractéristiques d'une imago plutôt que celles d'une représentation ; l'objet de correspondance échappe à l'emprise dans son exercice direct – l'emprise est déplacée sur des supports parallèles –, alors que l'objet transitionnel s'offre au contraire à l'emprise puisqu'il inclut dans son fonctionnement la

2. Voir sur ce point P. Denis, « D'imagos en instances : un aspect de la morphologie du changement », *Revue française de psychanalyse*, 4, 1996, pp 1171– 1185.

manipulation concrète de son support [3]. Image composée, formée de la combinaison d'images visuelles, sonores, tactiles etc… retirées du commerce avec l'absent – image qui permettra de le reconnaître lorsque celui-ci sera retrouvé –, l'objet de correspondance constitue une forme d'imago *ad usum*, qui s'ajuste, « correspond » à l'élu éloigné, à la fois dans sa réalité et dans la place qui lui était assignée dans l'organisation du fonctionnement psychique. Son rôle d'objet virtuel permet ainsi au sujet de maintenir la focalisation de ses investissements objectaux. Objet intermédiaire, l'objet de correspondance reste lié à la fois à un personnage de la réalité extérieure et aux objets internes sans se confondre avec eux, il limite ainsi le retour narcissique des investissements, laissant fonctionner à la fois l'investissement objectal et l'organisation du psychisme qui lui correspond.

Labilité de l'objet de correspondance

Si l'objet de correspondance se maintient dans sa situation d'intermédiaire, il organise la mise en jeu de représentations érotiques, masturbatoires, tendres ou sadomasochistes qui confortent le sujet dans sa capacité à l'autonomie. Celui-ci vit sur ses

3. Le rôle de la séparation dans l'élaboration de l'objet transitionnel intervient très précocement : celui-ci vient combler l'écart qui remettrait en cause l'illusion c'est-à-dire le narcissisme initial.

propres richesses, nourrissant son narcissisme de plaisirs dérobés à l'objet. En ce sens la séparation peut avoir valeur initiatique et être à l'origine de l'inverse d'un mouvement dépressif. Les contes qui évoquent toujours une expérience initiatique commencent toujours, comme l'a montré Wladimir Propp, par une séparation. Alors que la dépression appauvrit le moi qu'il vide de ses forces, le travail de la séparation maintient le plaisir de fonctionnement du moi qui se développe, élaborant des représentations d'attente, investissant les conduites d'appétition et l'anticipation des retrouvailles. La séparation peut être l'occasion d'une victoire du narcissisme sur l'objet aimé.

Cependant le fonctionnement autour de cet objet virtuel et sa maintenance peuvent être compromis par l'intensité même des mouvements sadiques. L'emprise exacerbée, si elle n'est pas défléchie sur des activités parallèles, déverse ses investissements dans des fantasmes sadiques contre lui, au point de déséquilibrer son rôle et d'aboutir au fantasme de sa destruction ou même à sa volatilisation dans le psychisme. L'autoérotisme organisé par rapport à cet objet peut être mal vécu, soit que le triomphe sur lui qu'il représente tende à rendre facultatif le retour du modèle sur lequel il a été bâti – la masturbation ou l'infidélité affaiblissent le pouvoir sexuel de l'autre – soit qu'il constitue une attaque en règle contre lui, une façon de s'en débarrasser, et être vécu comme un « Je m'en fous », entendu aussi dans son sens le plus corporel.

Le problème des retrouvailles

Le travail de la séparation modifie donc le portrait de la personne aimée, les représentations qui en assurent l'existence psychique. Un écart peut se creuser, dans un sens ou dans un autre, entre l'objet de correspondance et son modèle, écart qui peut rendre les retrouvailles difficiles.

Une désidéalisation peut apparaître, illustrée par l'expression d'un patient disant à son amie : « Je ne te rêve plus… » c'est-à-dire : la représentation que j'ai de toi ne correspond plus pour moi à un objet interne.

Si l'idéalisation a été trop forte et si les retrouvailles ont été, de façon connexe, trop idéalisées celles-ci seront décevantes : l'objet retrouvé ne correspondra plus avec l'objet attendu et l'expérience vécue paraitra faible par rapport à la félicité espérée. En effet si la séparation modifie toujours la représentation de l'objet, l'idéalisation intervient de manière particulière : l'idéalisation déspécifie l'interlocuteur, l'idéal, par le grandissement qu'il opère, estompe les belles différences, et donc les particularités de l'objet. Le jeu relatif des forces qui maintiennent l'objet de correspondance est donc d'un équilibre précaire. Celui-ci risque de basculer du côté de la fermeture narcissique de deux manières opposées : traiter la séparation comme définitive, la traiter comme un deuil, ou la nier. Le moi peut se sentir blessé de ne pas avoir retenu l'objet, ou coupable de l'avoir détruit par l'exercice de différents autoérotismes. On peut dire en effet que ce qui donne sa réalité à l'absence c'est la tentation de l'auto-érotisme.

Les effets de la séparation diffèrent ainsi selon le degré d'organisation du psychisme. Selon par exemple que le sujet fonctionne selon un régime imagoïque ou un régime instanciel : dans un régime imagoïque la séparation précipite ou renforce la dictature de l'imago. La possibilité du jeu disparaît et la douleur ou la potentialité dépressive se profilent. Dans un régime où le jeu des représentations et des instances est dominant, la place de l'objet de correspondance est relative, son pouvoir n'est pas celui, tout puissant, d'une imago mais reste celui d'une construction psychique parmi d'autres et ne règne pas totalement sur le fonctionnement mental. La tristesse – et non la dépression – apparaît alors comme l'affect de la séparation acceptée comme telle et tempérée par le jeu d'un objet de correspondance.

La dépendance à l'égard de l'objet, l'addiction à l'objet, implique une difficulté particulière à traiter la situation de séparation. La séparation implique l'attente c'est-à-dire une activité d'anticipation qui ne paralyse pas mais nourrit la vie au présent. Si l'ambivalence est excessive, elle va limiter le fonctionnement psychique par une crainte excessive portant sur la disparition possible de la personne investie ; la séparation définitive peut alors apparaître comme le remède à l'attente insupportable : « Un ennui désolé par de cruels espoirs croit encore à l'adieu suprême des mouchoirs[4]. » À l'inverse, un excès d'investissement de l'anticipation du retour de l'objet détourne des investissements du moment ; on entre alors dans le monde de la nostalgie organisé par le surinvestissement de l'éclat de l'objet ; une forme de plaisir au fonctionnement du moi s'y maintient mais ce plaisir fait écran au rapport à des personnes réelles présentes ; ce mode d'aménagement comporte une forme de négation de la séparation d'avec l'objet dont la présence est maintenue par un culte secret.

4. Mallarmé.

Ravages de la séparation chez Marguerite Duras

Isée Bernateau

« J'ai commencé à souffrir de la séparation avec toi. Je deviens fou… je ne peux pas te séparer, c'est impossible et je vais le faire, je le sais… » (Duras, 1991). Les mots de l'amant disent la catastrophe d'un arrachement à l'autre dont aucun des deux ne réchappera. Chronique d'une séparation aussi impossible qu'inéluctable, l'histoire d'amour entre la jeune fille blanche de Saïgon et l'amant chinois de Cholen se réécrit de multiples fois dans l'œuvre de Marguerite Duras, formant ce qu'il est convenu d'appeler « le cycle du barrage ». Dans les *Cahiers de la guerre*, recueil non publié de son vivant qui

---

Isée Bernateau, maître de conférences, université Paris-Diderot, psychanalyste APF.

rassemble ses premiers écrits, Marguerite Duras fait le récit de son adolescence au Vietnam et de sa rencontre avec Léo, un chinois qui la dégoûte mais avec qui elle envisage néanmoins de se marier. En 1950, dans *Un barrage contre le Pacifique*, le chinois est devenu M. Jo, soupirant qui poursuit Suzanne et qu'elle éconduit finalement. En 1977, presque trente ans plus tard, avec *Eden cinéma*, elle adapte au théâtre le *Barrage*. En 1984, elle publie et obtient le prix Goncourt pour *L'Amant*, nouvelle version de son adolescence qui se centre sur l'histoire d'amour entre elle et le chinois en la renouvelant profondément. Dix ans plus tard, elle livre dans *L'Amant de la Chine du Nord* l'ultime réécriture d'un motif romanesque qui l'aura obsédé toute sa vie durant.

Dans le cycle du Barrage, la séparation n'est pas seulement un thème, même récurrent, même central, c'est l'enjeu même de l'écriture. Elle vectorise l'ensemble des textes, au point de faire du récit de son adolescence le récit de toutes les séparations : séparation de la jeune fille et de l'amant, mais aussi séparation du monde de l'enfance et de l'adolescence, séparation d'avec la famille nucléaire formée de la mère, du cruel frère aîné et du petit frère adoré, séparation enfin de l'Indochine qu'il faut quitter pour rentrer en France. Dans *L'Amant* et *L'Amant de la Chine du Nord*, le récit s'achève sur la vision du paquebot quittant à tout jamais la terre indochinoise et séparant irrémédiablement les deux amants. « Perdre, c'est d'abord perdre de vue », reconnaît Pontalis (1988). Sur le bateau, la séparation des amants entraîne une vraie mort, celle d'un jeune homme qui se jette à la mer et qu'on ne retrouvera plus : « Au cours d'un voyage, pendant la traversée de cet océan, tard dans la nuit, quelqu'un était mort... Le plus terrible c'était ça. Le lever du soleil, la mer vide, et la décision d'arrêter les recherches. La séparation » (Duras, 1984). Séparation, mort, le glissement a sans cesse lieu chez Marguerite Duras, dans une analogie qui fait de la séparation une perte aussi définitive que tragique. Dans *Barrage contre le Pacifique*, l'équation maternelle est simple : « Si Joseph revenait, la mère vivrait, s'il ne revenait pas, elle mourrait » (Duras, 1950). Dans *L'Amant*, la séparation et la mort s'équivalent de nouveau, mais c'est au contraire la mort qui apporte une séparation définitive, une indifférence que plus rien ne peut renverser : « Le petit frère est mort en trois jours d'une broncho-pneumonie, le cœur n'a pas tenu. C'est à ce moment-là que j'ai quitté ma mère... Tout s'est terminé ce jour-là... Elle est morte pour moi de la mort de mon petit frère. De même que mon frère aîné. Je n'ai pas surmonté l'horreur qu'ils m'ont inspirée tout à coup. Ils ne m'importent plus » (Duras, 1984).

Séparation, mort, l'origine d'une telle analogie repose, selon Freud, sur la confusion originaire qui existe chez le nourrisson entre séparation et disparition, confusion qui installe la menace de la perte au cœur du processus de séparation. Il faudra à l'enfant un certain temps, et une certaine rythmicité, que l'on retrouve dans le *fort-da*, pour dépasser l'impensable détresse dans laquelle la disparition de l'objet plonge le sujet. Mais là où règne l'illimité, le processus de séparation échoue à constituer ainsi un objet distinct du sujet, objet qu'on pourrait quitter puis retrouver à l'envi. Dans l'univers durassien, rien, aucun *fort-da* pour atténuer le ravage de séparations qui résonnent toujours comme la mise à mort d'au moins l'un des deux partenaires. La séparation y est abandon, ce dont témoigne la mendiante, ce personnage obsédant qui hante tout le cycle d'*India song* et qui ressurgit dans *L'Amant* au moment précis où la narratrice ne reconnaît plus sa mère : « J'ai peuplé toute la ville de cette mendiante de l'avenue… À côté d'elle, la petite fille de l'histoire. Elle la porte depuis deux mille kilomètres. Elle n'en veut plus du tout, elle la donne, allez, prends. Plus d'enfants. Pas d'enfant. Tous morts ou jetés, ça fait une masse à la fin de la vie » (Duras, 1984).

Mais, avant, ou plus exactement en contrepoint de l'abandon, c'est la fusion, voire la confusion qui règne. À l'image des barrages qui cèdent sous les vagues, l'empiètement de la mer-mère menace sans cesse de recouvrir et d'engloutir la terre-l'enfant. Pas de limites à cet amour maternel, amour absolu, cruel, violent, amour que les coups viennent à la fois contredire et sceller, dans une démesure à laquelle les barrages contre le Pacifique, bien que réels historiquement, viennent conférer une dimension mythologique. Le ravage maternel, pour reprendre l'expression de Lacan, trouve là sa métaphore ultime. Dans *Eden Cinéma*, la voix de Suzanne raconte :

« Rien ne pouvait pousser dans la plaine.
La plaine n'existait pas.
Elle faisait partie du Pacifique.
C'étaient des eaux salées, des plaines d'eau.
On ne savait pas où commençait le Pacifique. Où se terminait la plaine.
Entre le ciel et la mer » (Duras, 1977).

Pas de limites entre les corps, même pas celles des mots. Dans ce huis clos où la parole est acte, les cris, les coups, les fous rires rythment une vie sur laquelle le temps n'a plus aucune prise : « Nous avons été longtemps tout petits. Un temps inépuisable, inouï, qu'il me semble ne jamais pouvoir mesurer » (Duras, 2006). Ces agirs familiaux, qui manifestent une emprise des uns sur les autres et un collage étouffant, évoquent le registre incestuel de Racamier (1995), où le maintien d'une symbiose étroite règne comme équivalent de l'inceste. Au sommet de ce système clos et immobile, la mère, personnage omniprésent et imprévisible, réunit les contraires dans une figure toute-puissante : « Je croyais en ma mère à l'égal de Dieu » (Duras, 2006). Mère par définition, par fanatisme, elle condense l'amour et la haine dans un système où les signes se brouillent et s'inversent. Dans l'un des premiers textes de Marguerite Duras, intitulé « *l'Enfance illimitée* », écrit à la fin des années 1930, on lit : « C'est d'elle que je veux dire l'histoire, l'étonnant mystère jamais connu, ce mystère qui a été très longtemps ma joie, ma douleur, où je me retrouvais toujours et d'où je m'enfuyais pour y revenir » (Duras, 2006). Cinquante ans plus tard, dans *L'Amant*, le mystère est intact : « Je suis encore là, devant ces enfants possédés, à la même distance du mystère. Je n'ai jamais écrit, croyant le faire, je n'ai jamais aimé, croyant aimer, je n'ai jamais rien fait qu'attendre devant la porte fermée » (Duras, 1984). Face à une mère morte, abîmée dans la passion d'un deuil inconnu dans lequel tout amour a sombré sauf l'amour démesuré pour le frère haï, comment se détourner de la porte fermée ? Comment inscrire une césure, une sexion qui permette d'exister hors de la fusion ou de l'abandon ? La nécessité de la séparation achoppe ici sur son impossible.

Il faut pourtant se quitter : le cycle du Barrage donne à cette sentence le poids d'une injonction radicale. Quand bien même la séparation résonnerait comme un abandon, sa nécessité s'impose sans tergiversation possible, tant la proximité devient porteuse, avec la puberté, d'un danger pour la survie psychique : « C'était à Long-Haï, c'était une plage de la mer de Chine où nous allions en vacances avec la mère et mes frères. J'avais 11 ans et demi, j'avais mes règles pour la première fois et je suis restée un mois avec mes règles. Je me baignais toujours et mes règles ne cessaient jamais. C'est sans doute à cette époque-là que j'ai approché le plus la folie. Je crois que pendant un mois j'étais réveillée, toujours par les mêmes rêves, des rêves meurtriers, je voulais tuer tout… Je ne croyais pas en Dieu mais j'insultais Dieu et j'appelais la mort sur mes frères, sur moi, sur ma mère, sur l'humanité » (Duras,

1964). Le sang des règles se mêle à la mer, et la coloration incestueuse de la fusion se dévoile, entraînant dans son sillage le meurtre, à la fois comme corollaire de l'inceste et comme ultime moyen d'instaurer une limite entre des corps devenus flux qui s'interpénètrent dans un coït sans fin. Face à ce danger, la séparation apparaît comme une lutte pour la survie dans la tentative désespérée de créer envers et contre tout un espace à soi : « nous étions tous abîmés dans une enfance illimitée, et en somme nous tentions vainement d'en sortir. On passait même sa vie entière à tenter d'en sortir par n'importe quel moyen » (Duras, 2006). Dans le *Barrage*, Suzanne s'écrie : « Et c'était là la chose importante : il fallait avant tout se libérer de la mère » (Duras, 1950), en écho à son frère Joseph qui revient de la ville muni de la même certitude : « Depuis toujours, je me préparais à être un homme cruel, un homme qui quitterait sa mère un jour et qui s'en irait apprendre à vivre, loin d'elle, dans une ville. J'ai pensé à toi à elle, et je me suis dit que c'était fini, de toi et d'elle. Je ne pourrai plus jamais redevenir un enfant, même si elle meurt, je me suis dit, même si elle meurt je m'en irai » (Duras, 1950).

Pour Joseph, comme pour Suzanne, la découverte de la sexualité instaure une disjonction entre l'espace maternel et l'espace propre : « C'est ce désir qui m'a fait me foutre des sentiments, même du sentiment qu'on a pour sa mère, et qui m'a fait comprendre que ce n'était plus la peine d'en avoir peur » (Duras, 1950). L'amant, personnage récurrent de plus en plus magnifié au cours des réécritures successives, tire son efficace et son aura du pouvoir de séparation qu'il met en œuvre en initiant la narratrice au désir et au plaisir : « Dès qu'elle a pénétré dans l'auto, elle l'a su, elle est à l'écart de cette famille pour la première fois et pour toujours. Désormais ils ne doivent plus savoir ce qu'il adviendra d'elle. Qu'on la leur prenne, qu'on la leur emporte, qu'on la leur blesse, qu'on la leur gâche, ils ne doivent plus le savoir. Ni la mère, ni les frères » (Duras, 1984). La garçonnière de Cholen devient le lieu inédit d'une intimité qui échappe à l'univers familial : « Les fils le savaient déjà. La fille, pas encore. Ils ne parleront jamais de la mère ensemble, de cette connaissance qu'ils ont et qui les sépare d'elle, de cette connaissance décisive, dernière, celle de l'enfance de la mère. La mère n'a pas connu la jouissance » (Duras, 1984). Différence mince mais décisive, la jouissance est le lieu des enfants, lieu d'une rencontre avec l'autre dont la mère est par définition exclue. La rencontre de l'amant, dans l'écriture, c'est la rencontre du masculin, une rencontre qui fait exister la différence des sexes et dont la référence paternelle œdipienne se lit clairement dans la façon qu'a Marguerite Duras de se désigner, dans *L'Amant de la Chine du Nord*, comme l'enfant du Chinois, cet enfant qu'il aime d'amour et qu'il viole chaque jour.

Mais si la jouissance témoigne d'une séparation, à la fois ténue et définitive, entre le corps maternel et le corps propre, ainsi qu'entre les deux sexes, elle est aussi le lieu où l'indifférenciation des temps originaires se rejoue à l'infini. Dans *L'Amant*, et plus encore dans *L'Amant de la Chine du Nord*, la jouissance y est jouissance sans limites, rejoignant ce que Lacan a développé à partir d'un autre roman de Marguerite Duras, *Le Ravissement de Lol V. Stein* (Lacan, 1965). Cette jouissance féminine, au-delà de l'ordre phallique, rejoint l'extase mystique comme expérience de dépossession de soi. En ce sens, elle s'apparente également au sentiment océanique cher à Romain Rolland, sentiment qui repose sur l'« absence de frontières » et la sensation extatique d'un « lien avec le Tout » (Freud, 1929) : « Elle ne le regarde pas. Elle le touche. Elle touche la douceur du sexe, de la peau, elle caresse la couleur dorée, l'inconnue nouveauté. Il gémit, il pleure. Il est dans un amour abominable. Et pleurant, il le fait. D'abord il y a la douleur. Et puis après cette douleur est prise à son tour, elle est changée, lentement arrachée, emportée vers la jouissance, embrassée à elle. La mer, sans forme, simplement incomparable » (Duras, 1984). L'image de la mer-mère surgit dans la découverte d'un plaisir qui anéantit toute limite dans la symbiose avec le corps de l'autre. Freud note que le sentiment océanique persiste « dans la vie d'âme de nombreux hommes » (Freud, 1929) *à côté* et *en même temps* que sa prise en compte d'une séparation d'avec l'extérieur, comme la Rome antique qui subsiste, cachée mais intacte, sous la Rome moderne. À l'instar de l'androgyne platonicien qui meurt de ne pouvoir

rejoindre sa moitié, l'homme ne renonce jamais totalement au vertige de l'Un. Dans *L'Amant de la Chine du Nord*, ultime roman qui clôt le cycle, la tentation de l'inséparé est à son acmé, au point que les personnages se confondent les uns avec les autres dans un amour illimité, circulaire et réciproque, amour dont l'inceste avec le petit frère adoré est l'illustration paradigmatique : « elle répète : Je t'ai désiré tout de suite… très vite très fort à ce moment-là… c'est vrai.
– Autant que ton petit frère ?
Elle réfléchit. Elle dit :
– Comment dire ça… mon petit frère c'est aussi mon enfant…
– Ton petit frère ne t'a jamais prise.
– Non. C'était moi qui le prenais avec mes mains.
Ils restent enlacés. Il dit qu'il aime déjà le petit frère, d'amour » (Duras, 1991).

À l'image de cette ambiguïté propre à la jouissance sexuelle, l'œuvre durassienne est comme suspendue entre séparation et inséparation ; la jouissance y institue la reconnaissance d'une différence porteuse d'une séparation dans le mouvement même où elle la nie dans le sentiment extatique d'une fusion avec l'autre qui fait disparaître l'identité : « Elle devient objet à lui, à lui seul secrètement prostituée. Sans plus de nom. Livrée comme chose, chose par lui seul, volée. Par lui seul prise, utilisée, pénétrée. Chose tout à coup inconnue, une enfant sans autre identité que celle de lui appartenir à lui, d'être à lui seul son bien, sans mot pour nommer ça, fondue à lui, diluée dans une généralité pareillement naissante, celle depuis le commencement des temps nommée à tort par un autre mot, celui d'indignité » (Duras, 1991).

Mais quand bien même le roman mime la fusion, voire la confusion, la véritable séparation se fait *dans* et *par* l'écriture, par l'écriture entendue comme activité : « Il faut toujours une séparation d'avec les autres gens autour de la personne qui écrit les livres. C'est une solitude. C'est la solitude de l'auteur, celle de l'écrit » (Duras, 1993). La solitude de Marguerite Duras lui donne « un point de vue », ce qui présuppose une séparation d'avec la scène représentée. Le petit texte de jeunesse, *L'enfance illimitée*, butait d'ailleurs sur cette absence de point de vue rendant impossible toute distance et donc finalement toute écriture : « Ici, je m'arrête car je voudrais pouvoir dire ce qu'a été et ce qu'est toujours cette maternité – et les mots me semblent inexistants. Je voudrais, pour la voir, m'écarter d'elle repousser un moment cette actualité absorbante qu'elle est toujours » (Duras, 2006). L'activité d'écrire, qui chez Duras a la place que l'on sait, institue une séparation psychique par le travail de sublimation qu'elle met en œuvre, sublimation dont Jacques André a montré qu'elle provient d'une : « libido qui, grâce à ses capacités de déplacement et de métamorphose, se soustrait d'emblée au destin du refoulement », et qu'elle tire sa force de la sexualité infantile et de « l'extraordinaire plasticité des pulsions partielles » (André, 2008). En ce sens, il n'est sans doute pas indifférent que l'amant devienne, au gré des réécritures, un personnage qui soutient et encourage la narratrice dans son projet d'écrire. Amant de papier, véritable objet littéraire, si l'amant peut ainsi soutenir le désir de séparation, c'est parce qu'il propose une continuité d'existence et d'investissement qui console de toutes les séparations, passées ou à venir : « Des années après la guerre, après les mariages, les enfants, les divorces, les livres, il était venu à Paris avec sa femme. Il lui avait téléphoné. Elle l'avait reconnu dès la voix. Il avait dit : je voulais seulement entendre votre voix. Elle avait dit : c'est moi, bonjour. Il était intimidé, il avait peur comme avant. Sa voix tremblait tout à coup. Et avec le tremblement, tout à coup, elle avait retrouvé l'accent de la Chine. Il savait qu'elle avait commencé à écrire des livres, il l'avait su par la mère qu'il avait revue à Saïgon. Et aussi pour le petit frère, qu'il avait été triste pour elle. Et puis il n'avait plus su quoi lui dire. Et puis il le lui avait dit. Il lui avait dit que c'était comme avant, qu'il l'aimait encore, qu'il ne pourrait jamais cesser de l'aimer, qu'il l'aimerait jusqu'à sa mort » (Duras, 1984).

Bibliographie

André, J. 2008. *L'artiste et le psychanalyste*, Paris, Puf.

Duras, M. 1950. *Barrage contre le pacifiques*, Paris, Gallimard.

Duras, M. 1964. *Entretiens avec Pierre Dumayet, Vu et entendu*, Paris, Stock.

DURAS, M. 1977. *Eden cinéma,* Paris, Mercure de France

DURAS, M. 1984. *L'amant,* Paris, Les Éditions de Minuit.

DURAS, M. 1991. *L'amant de la Chine du Nord*, Paris, Gallimard.

DURAS, M. 1993. *Écrire*, Paris, Gallimard.

DURAS, M. 2006. *Les cahiers de la guerre*, Paris, POL.

FREUD, S. 1920. *Au-delà du principe de plaisir*, Œuvres complètes, Paris, Puf, 1994

FREUD, S. 1929. *Le malaise dans la culture,* Œuvres complètes, XVIII, Paris, Puf, 1994.

LACAN, J. 1965. « Hommage fait à Marguerite Duras du ravissement de Lol V. Stein », dans *Marguerite Duras,* Paris, Éditions Albatros, 1979.

PONTALIS, J.-B. 1988. *Perdre de vue*, Paris, Gallimard.

RACAMIER, P.-C. 1995. *L'inceste et l'incestuel*, Paris, Les Éditions du collège.

Séparation, temporalité et créativité à l'adolescence

Catherine Azoulay

Qu'il en soit des fonctionnements des sociétés anciennes ou actuelles, ou du fonctionnement psychique individuel, il semblerait que la création s'origine dans la séparation. Peut-il y avoir création sans séparation ? Déjà, le récit biblique de la Genèse (Munk, 1974) pose cette réflexion aux tout premiers moments de l'origine du monde : « Au commencement, Dieu créa le ciel et la terre. » Mais pour créer la vie, Dieu, a fait acte de séparation : il a séparé le jour et la nuit, la terre et le ciel, sur la terre il a séparé la terre et les eaux. Jusqu'au verset 19 qui inaugure

---

Catherine Azoulay, maître de conférences HDR à l'université Paris-Descartes, LPCP, psychologue clinicienne, psychanalyste.

le cinquième jour, celui au cours duquel Dieu va commencer à créer la vie sur terre, le verbe « séparer » apparaît en tout cinq fois. En hébreu, « séparer » se dit « *léavdil* » et signifie : « action de séparer ou de faire une différence, différencier ». Avec la même racine de ce verbe, nous retrouvons le mot « *levad* » qui signifie « seul ». Séparer, différencier et être seul, en hébreu, sont des termes de même origine. Le cinquième et le sixième jour sont des moments de pure création de vie, on y trouve des termes qui évoquent essentiellement l'exaltation créatrice vitale : « grouillement d'êtres vivants, soyez féconds, croissez, multipliez, emplissez, produisez… » À ce stade de la création de la vie, s'il n'est plus question de séparation, on ne peut manquer de se dire que ce foisonnement de vies est le résultat des séparations antérieures qui les conditionnent. On constate aussi dans cette illustration issue de la Genèse que ce travail de séparation/création divin invente l'espace tout en se référant à un processus temporel extrêmement cadré et rigoureux, permettant à la fois de lier et de séparer les séquences temporelles du premier au septième jour de la création. Ainsi, l'expérience de séparation crée non seulement une dynamique vitale mais aussi, de manière conjointe, donne forme et sens à l'espace et au temps, condition d'accueil de l'existence humaine.

Il me semble que ce mouvement créateur est potentiellement présent dans chaque psyché humaine depuis l'origine de la vie, la genèse personnelle, et plus particulièrement dans la psyché de l'adolescent pour laquelle la séparation s'inscrit au cœur même du processus de construction de l'histoire. La victoire du mouvement de séparation à l'adolescence débouche ainsi sur du sens, dans sa double traduction : le sens directionnel, permettant d'orienter des choix personnels (études, profession, choix d'orientation sexuelle et choix d'objet d'amour), et le sens impliquant la signification de la valeur accordée à sa vie propre. Cependant, il ne saurait y avoir de victoire authentique ni de création pérenne de son histoire, sans la mise en œuvre du désir, force pulsionnelle inconsciente qui tend irrémédiablement à se lier, ou plutôt à se relier à son objet primordial. En effet, pour Freud tout désir vers un objet correspond à un désir de retrouvailles des satisfactions rencontrées avec le premier objet.

Le sixième jour, je cite la Genèse, « Dieu créa l'homme à son image, mâle et femelle, il les créa. » Les commentateurs de la Bible (Munk, 1974) nous disent que la séparation, instituée comme grand principe de l'univers, a pour prototype la séparation du genre humain, en sexe masculin et sexe féminin. C'est en effet la division universelle en deux éléments opposés qui assigne à l'homme et à la femme leur tâche sur terre. Homme et femme ne formèrent à l'origine qu'un seul être humain, ce qui fait qu'il y a une tendance naturelle chez tout être humain à revenir à la source unique, à l'unité suprême. Ainsi, reprend le texte biblique, « L'homme quittera son père et sa mère, il s'unira à sa femme, et ils deviendront une seule chair. » Dans ce texte fondateur de l'humanité, tout se passe comme si la séparation contenait intrinsèquement les germes d'une énergie pulsionnelle créatrice, c'est-à-dire chargée de libido, susceptibles de se développer dans la quête et la possibilité d'union avec l'objet désiré. L'union avec l'objet d'amour sous-tend la création d'un autre à venir, l'enfant, déjà et toujours séparé, dès lors qu'il est reconnu, dans le désir qui le crée et le fait naître, comme différent aux plans sexuel et générationnel.

C'est bien ce que rappelle Catherine Chabert (2011), dans son dernier ouvrage, *L'amour de la différence* : la différence des sexes et des générations « se place au fondement même de la psyché, dans sa dynamique, dans son intimité la plus absolue ». L'auteure établit clairement la distinction entre altérité et différence : « l'altérité représente ce qui n'est pas moi, ce qui est à l'extérieur de moi, la personne secourable ou l'étranger, comme un "non-moi" certes différencié du moi mais dont la part sexuelle est effacée » (p. 10) ; la différence, entendue comme différence des sexes et des générations, « soutient et affirme l'existence et la reconnaissance d'objets internes pris dans les réseaux de la sexualité », c'est-à-dire en référence au complexe d'Œdipe, et ce, quels qu'en soient les registres.

L'adolescence serait également ce moment charnière où l'intégration de la différence des sexes et des générations acquière toute son importance, dans l'acuité des ressentis psychiques, corporels, sexuels qu'elle fait vivre, réclamant dans une certaine urgence, la séparation psychique d'avec les objets œdipiens de l'enfance et le déplacement de la libido vers des objets pairs.

Mon propos consiste donc à tenter de rendre compte de l'articulation entre la séparation psychique et la mise en sens de la temporalité chez l'adolescent, mise en sens de la temporalité qui ouvre vers la créativité nouée par la pulsion libidinale, entraînant ce formidable désir de conquête du nouveau, c'est-à-dire de l'autre, inscrivant alors le sujet dans son histoire. Si comme le dit Winnicott, grandir est un acte agressif, créer sa propre existence est une manière de « Tuer le père ». Du côté des victoires adolescentes, « tuer le père » ne signifie pas abolir le passé (non pas : du passé faisons table rase !) mais correspond à son intégration au sein d'un moi qui admet sa ressemblance et sa différence avec l'autre : l'autre du passé, investi de libido, permet l'investissement libidinal de l'autre du futur.

L'adolescence est traversée par différents temps qui s'inscrivent en rupture par rapport aux temps de l'enfance : le temps de la déception et de la perte ; le temps de la menace pulsionnelle et de l'angoisse du sexuel ; le temps de la violence où les séparations et les conflits sont vécus comme des arrachements ; le temps des contradictions, telle que celles dont parle C. Chabert (2004), « qui oppose et associe la lutte contre la passivité et l'extrême dépendance » (p. 708). Mais avant toute chose, il semble que l'adolescence, c'est le temps de la rencontre avec la sexualité corporellement vécue dans la reconnaissance de la différence des sexes qui permet l'intégration de la bisexualité psychique. Nous retrouvons alors le mouvement séparation/création qui a été évoqué plus haut : se séparer de son corps d'enfant permet d'intégrer un corps d'adulte créateur de sa propre sexualité, se séparer du fantasme d'androgynie de l'enfance permet d'intérioriser la référence à la bisexualité psychique créant l'espace interne de rencontre avec l'autre sexe.

Tous ces temps et ces passages adolescents se conjuguent d'une façon a-synchronique, voire disruptive, s'amalgamant entre temps forts, débordants de pulsions et d'*acting*, et temps plus calmes, dont l'apparent défaut de liaison évoque des clivages temporels, mais qui créent néanmoins un maillage rythmant l'évolution de l'adolescent. Car ainsi que le rappelle J. André (2010), le contraire de « continu » n'est pas « discontinu », comme dans la présence/absence, mais « imprévisible », l'imprévisible qui anéantit la confiance en l'autre et rend caduque la potentielle fécondité de la rencontre. Dans un texte intitulé *Se construire un passé*, Piera Aulagnier (1988) met en avant une double nécessité dans le déroulement du fil de l'adolescence : la coexistence de la permanence et du changement et l'investissement émotionnel du passé. C'est de « l'intrication entre les fils du temps et les fils du désir » que le « Je » trouve accès à la temporalité. Pour l'auteur, « l'investissement du présent nécessite ainsi un retrait de libido qui permet d'investir un temps futur : le présent n'est rien d'autre que ce mouvement de déplacement libidinal entre deux temps qui n'ont d'autre existence que psychique » (p. 210).

À l'adolescence, le processus de séparation vu sous l'angle de la question de la temporalité psychique passerait alors par la mise en jeu, (au sens transitionnel), et la mise en mémoire des souvenirs, créant un tissu temporel libidinal reliant présent, passé et futur. Pour reprendre cette célèbre phrase de Freud de 1908 : « Passé, présent, avenir donc, comme enfilés sur le cordeau du désir qui les traverse ». Dans la description qu'il fait des processus inconscients en 1915, Freud souligne, je cite, qu'« ils sont intemporels, c'est-à-dire qu'ils ne sont pas ordonnés dans le temps, ne sont pas modifiés par l'écoulement du temps, n'ont absolument aucune relation avec le temps. » C'est pourquoi dans le fonctionnement psychique individuel, l'intemporalité de l'inconscient engage nécessairement la réédition du passé qui agit indépendamment de l'âge ou de l'organisation du sujet.

Dans un de ses derniers ouvrages André Green (2000) remarque à quel point Freud, sans en avoir fait un concept, n'a rien fait d'autre que de s'intéresser au temps d'un bout à l'autre de son œuvre. Pour Green, l'intemporalité de l'inconscient signifie bien l'intemporalité d'Éros, c'est-à-dire que, je cite Green, « les traces des expériences liées à la sexualité, au plaisir, au désir, inscrites depuis la toute première enfance, continuent d'œuvrer activement hors de la conscience, quels que soient par ailleurs les changements qui affectent la sexualité proprement dite ou l'activité psychique consciente » (p. 172). La temporalité psychique plonge ses racines dans des expériences de nature affective mues par le désir. Le désir est en quelque sorte une projection automatique dans l'avenir et en tant que tel, il organise le présent en lui donnant sens et authenticité. C'est ce que Freud a si bien décrit en 1920 dans l'observation de son petit fils jouant à la bobine, jeu grâce auquel il récupérait la continuité de la présence spatiale de sa mère par la maîtrise du temps. Le désir est organisateur du temps de la psyché et, de ce fait, le temps ne se développe que dans l'interaction libidinale entre le sujet et son objet. Ainsi pourrait-on arguer que la victoire qu'opère l'adolescent dans le processus même de construction de son histoire (ce qu'un certain nombre d'auteurs dans la lignée de Raymond Cahn (1997) nomment processus de subjectivation), représente la mise en œuvre de l'élaboration d'un mouvement actif de séparation/création dans un espace et une temporalité investis de libido.

Quant aux catastrophes de l'adolescence, liées aux accidents de la séparation, elles peuvent se rencontrer et s'interpréter de bien des façons. Cet été, en réfléchissant à la question de la liaison entre temporalité et créativité dans la catastrophe psychique que constitue la décompensation schizophrénique, je me suis penchée sur la personnalité et sur l'œuvre d'Unica Zürn. J'ai remarqué, qu'au-delà de la beauté, de la violence poétique, de l'écriture de la souffrance et de la folie, Unica Zürn exprimait avec une clarté éblouissante la rupture des liens pulsionnels qui affecte le fonctionnement psychique schizophrénique et entrave l'accès au sens de l'histoire du sujet.

Unica Zürn est une femme artiste, écrivaine, poète, dessinatrice et peintre d'origine allemande, née en 1916 et morte par suicide, en 1970. Elle est surtout connue pour avoir été la compagne et la muse d'un des plus célèbres artistes surréalistes allemands, Hans Bellmer, qu'elle rencontre en 1953, à l'âge de 37 ans, et avec lequel elle entretiendra une relation qu'on peut facilement qualifier de sadomasochique. Toutefois, son œuvre considérable est quasiment inconnue du grand public comme si elle n'avait pas pu, pas su, inscrire une trace vivante dans l'histoire de l'art. Elle a vécu de nombreuses années à Paris et a notamment été internée plusieurs fois à l'hôpital Maison Blanche et à Sainte-Anne. Elle écrit trois ouvrages en tout et de très nombreux poèmes-anagrammes. Elle est aussi l'auteur de fabuleux dessins à l'encre de chine.

Dans *Sombre printemps* (paru en 1971), elle fait le récit de son enfance et du début de son adolescence. À travers une écriture tourmentée, dépouillée, incisive, parfois cruelle, elle relate une enfance faite d'attente du père, d'un père qu'elle idolâtre au-delà de tout, père souvent, trop souvent absent et dont elle vit douloureusement chaque séparation. Les premiers mots du livre, écrit au présent et à la troisième personne, sont les suivants : « Son père est le premier homme dont elle fait la connaissance… », comme si sa vie commençait par son père et avec son père, mais aussi et surtout comme si elle attendait du père qu'il compense le manque d'intérêt, nous dirions le manque d'investissement, qu'elle ressent chez sa mère qui la considère comme une chose. Même si, de sa mère, il n'est quasiment pas question, à part dans deux ou trois faits au cours desquels elle relate ses rares tentatives de rapproché avec elle. Voici ce qu'elle peut en dire : « La mère, une montagne de chair tiède où l'esprit impur de cette femme est enfermé, s'abat sur l'enfant épouvanté. » Le contact qu'elle ressent comme incestueux avec sa mère, la plonge dans l'aversion et l'effroi, et ce, dans la mesure où cette mère se montre à elle ou plutôt s'exhibe comme une femme qui ne cherche en rien à cacher à sa fille ou à son fils, ni son corps ni ses amants. Elle comprendra aussi assez rapidement que son père s'accorde les mêmes libertés sexuelles que sa mère, avec des maîtresses, y compris dans la maison familiale.

Ce climat incestuel psychotisant décrit par Racamier (1980) désigne l'effacement de la différence des générations et, par conséquent, du tabou de l'inceste. Dans ce contexte, on est à peine surpris de lire le récit du viol qu'elle subit par son frère à l'âge de 12 ans, comme s'il était le résultat logique de l'absence et de la défaillance d'un père séparateur et protecteur et de l'omniprésence effractante d'une mère au comportement obscène. De là, à l'orée de l'adolescence, la haine se cristallise, se soude irrémédiablement à l'image de la mère et du frère mais aussi à l'image de la sexualité qui devient immanquablement mortifère. C'est néanmoins grâce au développement d'un fort courant masochiste qui va s'ancrer dans ses relations aux hommes, et en premier à Hans Bellmer, qu'Unica Zürn va réussir à faire de ses expériences de rencontres infantiles et adolescentes catastrophiques, une œuvre puissante et inclassable. Mais aussi une œuvre hors du temps et qui ne s'inscrira pas dans le temps. Sa biographe française, Anouchka D'Anna (2010), dans son récent ouvrage intitulé : *Unica Zürn, l'écriture du vertige*, fait cette remarque : « L'absence de temporalité rend la lecture ardue. Unica passe d'une séquence à l'autre, sans se soucier de la chronologie, écrivant au présent des événements qui se situent parfois à des années de distance, comme s'ils se succédaient dans le temps. Nous suivons une série d'événements sans liens apparents les uns avec les autres, marqués par des va-et-vient entre délire et raison, sans aucune mise en perspective. Ni présent, ni passé, ni futur dans ce temps éclaté où l'on ne peut se repérer » (p. 80).

En effet, les trois ouvrages d'Unica Zürn sont tous écrits au présent et à la troisième personne, et les chapitres se juxtaposent sans parvenir à créer un lien dans le temps de la narration. Un jour, Unica est malade, au lit, avec la fièvre et elle rédige une nouvelle qu'elle intitule : *À la maison des maladies*. Il y est question d'une femme qui se retrouve alitée dans la maison des maladies car, selon le docteur Mortimer qui s'occupe d'elle : les cœurs de ses yeux ont été atteints en plein milieu par deux balles et il en résulte une plaie en forme de cœur à l'entrée de la balle et une plaie en forme de cœur à la sortie. On apprend peu après qu'elle craint par-dessus tout celui qu'elle appelle « l'ennemi mortel ». Voici ce qu'elle dit à son sujet : « Goethe met instamment en garde contre le danger d'émettre trop fortement vers une personne éloignée des idées d'amour ou de haine. Néanmoins, on ne peut extirper la magie noire. Même si l'on réfrène ses émissions de pensées afin de ne pas nouer mentalement des liens puissants et inconvenants avec qui ou quoi que ce soit, on n'est pas sûre que les autres agissent de la même façon. C'est maintenant la troisième fois, sinon la quatrième que mon ennemi mortel me harcèle. Cet homme, qui me fit savoir qu'il m'aime, me poursuit de ses assiduités avec un tel esprit de vengeance que je succomberai à une de ses futures attaques. Depuis presque un an, je ne suis plus sortie de la maison des maladies. Je suis soumise aux puissantes et effroyables pensées d'un magicien. Je me plains amèrement que la haine et l'amour soient si proches l'une de l'autre ; je déplore que l'on ne sache jamais si on est haïe ou aimée. Il n'a eu de moi ni un cheveu, ni un baiser, à peine a-t-il reçu une poignée de main, et malgré cela il réussit à me pétrir, à me presser, à me traverser en me dévorant finalement… Quand il m'aura tuée alors que sera le dénouement ? Lui-même mourra. Cela a-t-il un sens ? Comme si c'était une erreur de croire que l'amour protège la vie. Comme s'il était faux que l'amour fût une bénédiction » (p. 239-241). Face à ce constat radical de fusion absolue entre amour et haine, entre amour et mort, le docteur Mortimer lui assène la prescription suivante : « Tout désir est interdit ! Le désir abîme la santé. Je vous l'interdis. »

Pour le psychisme d'Unica Zürn, l'auto-prescription d'interdiction du désir est peut-être un des indices du processus d'extinction des mouvements pulsionnels qu'elle connaîtra plus tard dans un hôpital psychiatrique allemand (Wittenau), ce qu'elle expose de façon magistrale dans son second ouvrage, écrit quatre ans avant sa mort : *L'homme-jasmin* (paru en 1970). Elle écrit : « La sombre dépression s'approche lentement. Autrefois, en entendant le mot dépression, en observant des amis pris de pareilles crises, elle n'avait jamais compris quelle sorte d'état il exprimait. Depuis son enfance, elle connaît la mélancolie, mais pas la dépression. De jour en jour elle devient de plus en plus incapable d'une activité quelconque ou d'une conversation avec les autres malades. Elle cesse même de penser. Impossible, pour s'inspirer de leur exemple, de se rappeler des hommes qui ont fait impression sur elle. Impossible de se reporter par la pensée aux richesses que lui ont apportées les livres qu'elle a lus et tellement aimés, ou la musique. Son esprit ne fonctionne plus. Il est au point mort » (p. 95). Avant cette plongée dans la mélancolie schizophrénique correspondant à un état psychique d'abolition du désir, elle écrit : « Quel bonheur d'être avant le commencement. Rien ne peut nous arriver parce que nous ne pouvons pas nous arriver à nous-mêmes » (p. 17). Être avant le commencement, avant sa propre genèse, sa propre conception, c'est, comme l'a montré Racamier (1992), dénier le sens de ses origines et de la scène primitive, c'est ne pas naître à soi-même ni pour l'autre, c'est donc ne pas se séparer de soi ni de l'autre, c'est demeurer éternellement fusionné à un objet-non-objet où vie et mort, amour et haine se condensent et se confondent hors du temps et de l'espace. Dans *Vacances à Maison Blanche* (1988), compilation de ses derniers textes, Unica Zürn écrit : « La plus grande partie de ma vie, je l'ai passée à dormir, l'autre à attendre un miracle, à méditer sur l'inaccessible… Une enfance qui, vue de l'extérieur, s'est arrêtée en l'espace d'une heure et qui, à l'intérieur, ne cesse pas de régner (référence sans doute au viol commis par son frère dans sa pré-adolescence). Combien de fois ai-je souhaité que mon fils soit mon père, que ma fille soit ma mère. Souvent… si souvent ! » Et un peu plus loin : « Être adulte, je n'y arrive pas et je ne peux plus changer : je ne peux pas changer cette attente, ma folle, éternelle attente que le miracle se fasse. Mon miracle se fera payer. Pour qu'il condescende à apparaître, pour qu'il me fasse cette grâce, il faudra payer le prix. Probablement devrais-je, pour pouvoir le vivre, payer de ma vie. Le chiffre de ma destinée, le 99, nourrit mon obsession que le miracle vient vers moi, le miracle dont le prochain pas signifie la mort » (p. 15).

Didier Anzieu (1981) nous dit que « créer requiert comme première condition, une filiation symbolique à un créateur reconnu. Sans cette filiation, et sans son reniement ultérieur, pas de paternité possible d'une œuvre. » S'appuyer sur ses créateurs, sa filiation et secondairement s'en départir pour se reconnaître créateur et porteur de l'œuvre de sa propre vie, c'est là aussi que se révèle la victoire de la séparation à l'adolescence. Revenons une dernière fois au texte de la Genèse pour constater que le verbe créer possède deux acceptions : dans le tout premier verset : « Au commencement, Dieu créa le ciel et la terre », le verbe créer *« libro »* (au passé *« bara »*) n'est plus utilisé en hébreu moderne. Ce verbe désigne uniquement une Création *ex nihilo*, c'est-à-dire une création divine, seule à pouvoir faire sortir quelque chose de vivant du néant. Lorsque le texte en arrive à la création de l'homme, le verbe créer n'est plus le même en hébreu même si sa traduction est identique en français. Le verbe *« litsor »* signifie créer dans le sens de façonner, en d'autres termes, faire exister à partir de quelque chose qui existe déjà. Ce qui semble vouloir dire, là aussi, qu'on ne peut créer qu'à partir d'un autre, à moins d'être Dieu… ou schizophrène, aurait pu dire Racamier. Certes, Unica Zürn a créé une œuvre mais elle n'a pas été créatrice de sa propre vie. Son existence psychique n'a pas été façonnée avec le terreau d'une filiation reconnue. « Tout désir est interdit » dit-elle, car, sans doute pour elle, le désir conduit à l'inceste qui constitue un non-sens existentiel. Et dans le même temps, ne plus désirer c'est aussi ne pas exister. C'est la raison pour laquelle cet exposé aurait pu comporter comme sous-titre : *La traversée du désir.*

Bibliographie

André, J. 2010. *Les désordres du temps*, Paris, Puf, coll. « Petite bibliothèque de psychanalyse ».

Anzieu, D. 1981. *Le corps de l'œuvre. Essais psychanalytiques sur le travail créateur*, Paris, Gallimard.

Aulagnier, P. 1988. *Se construire un passé*, *Journal de la psychanalyse de l'enfant*, n° 7, p. 191-220.

Cahn, R. 1997. « Le processus de subjectivation à l'adolescence », dans *Adolescence et psychanalyse : une histoire*, Lausanne, Delachaux et Nieslé, p. 213-227.

Chabert, C. 2004. « Le temps du passé, une forme passive ? », *Adolescence*, « *Temporalité* », vol. 22, n° 4, p. 705-717.

Chabert, C. 2011. *L'amour de la différence*, Paris, Puf, coll. « Petite bibliothèque de psychanalyse ».

D'Anna, A. 2010. *Unica Zürn, L'écriture du vertige*, Éditions Cartouche.

Freud, S. 1908. « Le poète et l'activité de fantaisie », *Œuvres complètes, VIII*, Paris, Puf, 2007, p. 161-171.

Freud, S. 1915. « "L'inconscient" métapsychologie », *Œuvres vomplètes, XIII*, Paris, Puf, 1988, 2e éd. corrigée 1994, p. 207-244.

Freud, S. 1920. « Au-delà du principe de plaisir », *Œuvres complètes, XV*, Paris, Puf, 1996, p. 274-338.

GREEN, A. 2000. *Le temps éclaté*, Paris, Les Éditions de Minuit.

MUNK, E. 1974. « La voix de la Thora. Commentaires du Pentateuque », vol. I, *La Genèse,* Paris, Éd. Association Samuel et Odette Levy.

RACAMIER, P.C. 1980. *Les schizophrènes*, Paris, Payot.

RACAMIER, P.C. 1992. « Le génie des origines », dans *Psychanalyse et psychoses,* Paris, Payot.

ZÜRN, U. 1970. *L'homme-Jasmin*, Paris, Gallimard, coll. « L'imaginaire », 2007.

ZÜRN, U. 1971. *Sombre printemps*, Dijon, coll. « Motifs », n° 188, 2007.

ZÜRN, U. 1988. *Vacances à Maison Blanche, derniers écrits et autres inédits*, Éd. Joëlle Losfeld, 2000.

GENÈSE

Gn 1 :1 – Au commencement, Dieu créa le ciel et la terre.

Gn 1 :2 – Or la terre était vide et vague, les ténèbres couvraient l'abîme, un vent de Dieu tournoyait sur les eaux.

Gn 1 :3 – Dieu dit : Que la lumière soit et la lumière fut.

Gn 1 :4 – Dieu vit que la lumière était bonne, et Dieu sépara la lumière et les ténèbres.

Gn 1 :5 – Dieu appela la lumière jour et les ténèbres nuit. Il y eut un soir et il y eut un matin : premier jour.

Gn 1 :6 – Dieu dit : Qu'il y ait un firmament au milieu des eaux et qu'il sépare les eaux d'avec les eaux et il en fut ainsi.

Gn 1 :7 – Dieu fit le firmament, qui sépara les eaux qui sont sous le firmament d'avec les eaux qui sont au-dessus du firmament,

Gn 1 :8 – et Dieu appela le firmament ciel. Il y eut un soir et il y eut un matin : deuxième jour.

Gn 1 :9 – Dieu dit : Que les eaux qui sont sous le ciel s'amassent en une seule masse et qu'apparaisse le continent et il en fut ainsi.

Gn 1 :10 – Dieu appela le continent terre et la masse des eaux mers, et Dieu vit que cela était bon.

Gn 1 :11 – Dieu dit : Que la terre verdisse de verdure : des herbes portant semence et des arbres fruitiers donnant sur la terre selon leur espèce des fruits contenant leur semence et il en fut ainsi.

Gn 1 :12 – La terre produisit de la verdure : des herbes portant semence selon leur espèce, des arbres donnant selon leur espèce des fruits contenant leur semence, et Dieu vit que cela était bon.

Gn 1 :13 – Il y eut un soir et il y eut un matin : troisième jour.

Gn 1 :14 – Dieu dit : Qu'il y ait des luminaires au firmament du ciel pour séparer le jour et la nuit ; qu'ils servent de signes, tant pour les fêtes que pour les jours et les années ;

Gn 1 :15 – qu'ils soient des luminaires au firmament du ciel pour éclairer la terre et il en fut ainsi.

Gn 1 :16 – Dieu fit les deux luminaires majeurs : le grand luminaire comme puissance du jour et le petit luminaire comme puissance de la nuit, et les étoiles.

Gn 1 :17 – Dieu les plaça au firmament du ciel pour éclairer la terre,

Gn 1 :18 – pour commander au jour et à la nuit, pour séparer la lumière et les ténèbres, et Dieu vit que cela était bon.

Gn 1 :19 – Il y eut un soir et il y eut un matin : quatrième jour.

Gn 1 :20 – Dieu dit : Que les eaux grouillent d'un grouillement d'êtres vivants et que des oiseaux volent au-dessus de la terre contre le firmament du ciel et il en fut ainsi.

Gn 1 :21 – Dieu créa les grands serpents de mer et tous les êtres vivants qui glissent et qui grouillent dans les eaux selon leur espèce, et toute la gent ailée selon son espèce, et Dieu vit que cela était bon.

Gn 1 :22 – Dieu les bénit et dit : Soyez féconds, multipliez, emplissez l'eau des mers, et que les oiseaux multiplient sur la terre.

Gn 1 :23 – Il y eut un soir et il y eut un matin : cinquième jour.

Gn 1 :24 – Dieu dit : Que la terre produise des êtres vivants selon leur espèce : bestiaux, bestioles, bêtes sauvages selon leur espèce et il en fut ainsi.

Gn 1 :25 – Dieu fit les bêtes sauvages selon leur espèce, les bestiaux selon leur espèce et toutes les bestioles du sol selon leur espèce, et Dieu vit que cela était bon.

Gn 1 :26 – Dieu dit : Faisons l'homme à notre image, comme notre ressemblance, et qu'ils dominent sur les poissons de la mer, les oiseaux du ciel, les bestiaux, toutes les bêtes sauvages et toutes les bestioles qui rampent sur la terre.

Gn 1 :27 – Dieu créa l'homme à son image, à l'image de Dieu il le créa, homme et femme il les créa.

Gn 1 :28 – Dieu les bénit et leur dit : Soyez féconds, multipliez, emplissez la terre et soumettez-la ; dominez sur les poissons de la mer, les oiseaux du ciel et tous les animaux qui rampent sur la terre.

Gn 1 :29 – Dieu dit : Je vous donne toutes les herbes portant semence, qui sont sur toute la surface de la terre, et tous les arbres qui ont des fruits portant semence : ce sera votre nourriture.

Gn 1 :30 – À toutes les bêtes sauvages, à tous les oiseaux du ciel, à tout ce qui rampe sur la terre et qui est animé de vie, je donne pour nourriture toute la verdure des plantes et il en fut ainsi.

Gn 1 :31 – Dieu vit tout ce qu'il avait fait : cela était très bon. Il y eut un soir et il y eut un matin : sixième jour.

Adolescence : se séparer de quoi, de qui ?

Michèle Emmanuelli

« C'est arrivé au cours de cet été vert et fou. Frankie avait 12 ans. [...]. Et puis le printemps, cette année-là, avait été une saison bizarre et interminable. C'est alors que les choses avaient commencé à changer, mais Frankie ne comprenait pas ce changement. [...] Il y avait quelque chose dans ces fleurs d'avril et dans ces arbres verts qui emplissait Frankie de tristesse. Elle ne savait pas pourquoi elle était triste, mais à cause de cette tristesse inconnue elle se mit à penser qu'elle devait quitter la ville » (2000, p. 9). Voilà comment Carson McCullers introduit son roman,

Michèle Emmanuelli, professeur de psychologie clinique et de psychopathologie, LPCP, université Paris-Descartes, psychanalyste SPP.

Frankie Adams, le roman de l'entrée dans l'adolescence, et y pose certains des motifs et des enjeux du processus qu'implique – qu'exige ? – cette entrée (sentiment d'étrangeté, flou du ressenti, flottement des limites dedans/dehors et impératif du recours à l'agir pour occuper une position active face aux affects sans représentation liés aux changements). Revenant sur le titre que j'ai donné à cette communication : *se séparer de quoi, de qui*, j'aurais dû ajouter : *comment ?*

« Comment allons-nous faire, l'an prochain ? » me demande Julien avec insistance, m'englobant dans son inquiétude. L'an prochain, il a choisi de partir pour une année d'études à l'étranger. Partir enfin – il y pense depuis ses 16 ans, il l'anticipe, le craint et l'espère tout à la fois, mais n'a pu encore s'y résoudre, figé par l'angoisse de la séparation. Depuis ce temps, nos rencontres ont déployé chez lui les aspects ambivalents du lien à une mère et à un père pendant longtemps posés comme intouchables : rien du malaise pour lequel il venait me voir ne pouvait leur être imputé ; il craignait (désirait ?) que je ne l'y entraîne ; il a fallu bien du temps pour qu'il puisse soulever le globe qui, comme des reliques, protégeait de toute attaque consciente ces parents fiables mais risquant de devenir fragiles sous l'effet de la désidéalisation.

Avec son amie, un lien précoce et exclusif, protégé aussi, longtemps, de toute ambivalence, il a tranché, le lui a annoncé : mieux vaut arrêter tout de suite. Il faut du temps pour qu'il évoque la crainte de se décevoir l'un l'autre et se faire souffrir. Renoncer, s'arracher délibérément pour ne pas perdre, dans l'immédiateté adolescente qui s'oppose à la souffrance du ressenti du temps. Hors de sa présence il ne peut se projeter dans une suite, ni avec ni sans elle. Les rationnalisations, pour lesquelles il excelle, battent leur plein. Avec moi, il revient régulièrement sur cette idée : comment ferons-nous ? Des parents, bien entendu, il n'en est plus question.

L'année va se passer à se défendre puis, peu à peu, à jouer avec les idées de séparation, pour admettre que, s'il l'a choisie, s'il la désire, c'est qu'elle lui fait si peur, de longue date, et qu'il lui faudra bien prendre le risque de se livrer aux contraintes de l'attente, ressentir le manque, le désir (ou le besoin ?) de l'autre, et les mettre à l'épreuve du temps et de l'espace. Certes, c'est encore lui qui contrôle le jeu (où, quand, combien de temps sera-t-il absent), mais il admet de vivre avec son amie une séparation « en relation », il prend le risque que l'objet lui échappe, une fois le lien permanent allégé, et la demande qu'il m'adresse vise à s'assurer par ailleurs que, s'il s'autorise le désengagement d'avec les premiers objets, s'il s'offre à de nouveaux investissements, il y aura encore, toujours, un creux pour l'accueillir, un lieu où ce qu'il a déposé de lui se maintient et un objet qu'il peut continuer à investir, sachant le retrouver au moins en lui, fût-ce au prix de la douleur, de la tristesse.

Perdre de vue, insupportable dans ses prémices, devient au cours de ce processus une perspective qui cesse d'impliquer la radicale disparition de l'objet et, *avec lui, de soi-même*. Sur cet accomplissement de la distance, certains buteront toute leur vie, emprisonnés dans l'agrippement aux objets, enfermés dans un processus pathologique aliénant. D'autres trouveront, pour transmuer la souffrance de cette butée, le recours à la création.

Temps et espace : c'est ce qui, tout à la fois, n'est pas encore vraiment constitué et se perturbe avec l'entrée dans l'adolescence, ce qui se fait sentir dans le processus de séparation. Ainsi que les rapports réciproques entre l'objet et le moi, mis en crise lorsque le lien d'amour et de tendresse de l'enfance voit, avec les transformations de la puberté, sa fiabilité ébranlée par sa resexualisation et la nécessité, en hâte, parfois à la hussarde, de s'en détacher.

Et c'est une des questions fondamentales que pose la séparation à l'adolescence : s'en détache-t-on ? comment ? avec quelle temporalité ? Les textes de Catherine Azoulay et de Benoit Verdon prolongent vers l'adolescent et vers l'adulte ce questionnement. On se détache, dans les débuts, et pour certains toute la vie, certainement le plus souvent par l'arrachement ou le rejet plus que par la négociation – ou on y résiste par l'agrippement. Puis, peu à peu, dans les meilleurs des cas, par les déplacements substitutifs qui s'opèrent, et d'objet en objet nous conduisent à des choix dans lesquels demeurent toujours les traces confondues des premiers investissements. Et, pour certains qui ne s'en détachent jamais, la création, comme chez Proust ou Duras, se nourrit de cette impossibilité, de cette douleur, travaille à partir de ce temps arrêté, de cet espace figé. C'est ce qui s'entend dans cette bouleversante phrase de Duras évoquant ses liens d'enfance : « Je suis encore là, devant ces enfants possédés, à la même distance du mystère. Je n'ai jamais écrit, croyant le faire, je n'ai jamais aimé, croyant aimer, je n'ai jamais rien fait qu'attendre devant la porte fermée » (1984).

Voilà apparus, avec le début d'un ouvrage, *Frankie Adams*, et la fin d'un traitement, les indices de ce qui engage tout enfant entrant dans l'adolescence dans l'inéluctable contrainte de la séparation, et la trame de ce qui devrait en être l'issue, s'il en existe. Car, que faisons-nous de plus essentiel, au cours de notre vie, que de nous séparer ? De nous-même, de manière imperceptible le plus souvent, mais parfois brutale ; de nos objets d'amour, ceux de notre monde interne, ceux de la réalité. Et une part de cette vie toute entière se passe à négocier notre rapport à ces objets dans leur apparition et dans leur fuite, dans leur arrachement ou leur glissement dans et hors de notre espace et de notre temps. Le contrat œdipien, dès ses prémices, n'est-il pas avant tout un contrat séparateur de l'enfant et de sa mère, qui, par le recours à un tiers, ouvre l'enfant au monde ?

Mais sans doute est-ce au temps de l'adolescence que cette perspective inhérente au destin humain apparaît, de la manière la plus aiguë, comme une nécessité – absolue pour certains, bonne à engager pour d'autres, comme un défi dont on se saisit avec plus ou moins de bonheur – mais parfois aussi comme une perte des repères, ou encore comme un gouffre, générateur d'angoisses de perte de soi, de mouvements phobiques qui mettent un tour d'écrou sur le lien aux objets.

Des composantes initiales de la personnalité, de la fiabilité des premiers liens et de ceux qui s'ensuivent, de la capacité, articulée aux modalités de séduction précoce et œdipienne, à faire face au ressenti de la pulsion en soi, des mouvements libidinaux qui tendent vers de nouveaux objets, puis les attaquent, et des mouvements ambivalents qui colorent négativement les objets anciens, vont dépendre les issues de ce travail essentiel qui accompagne le sujet sa vie durant et lui permet, lorsque la traversée est fructueuse, de passer de la séparation à la perte pour se trouver, dans une rencontre avec un autre dont la différence est assumée. Le transfert condense et symbolise, permettant d'y voir plus clair, ce qui se joue dans ces opérations et qui s'y empêche : glissement du premier objet d'amour vers un amour œdipien, d'un amour œdipien vers des amours qui tentent de s'éloigner de cette polarité première.

Dans ce voyage, le rôle du tiers séparateur, déjà évoqué, est crucial au moment de l'adolescence : les échecs du processus sont bien souvent en lien avec ses défaillances, avec sa vulnérabilité qui entrave les attaques agressives nécessaires, comme dans le cas de Julien, supposant son père incapable de « survivre, intact », ou encore avec les défauts d'intégration, par ce tiers, de l'investissement de la féminité ou de la masculinité de l'adolescent à distance suffisante. Ici, c'est le film récent de Christophe Honoré, *Les Bien aimés* (2011) illustrant les échecs transgénérationnels de la séparation, qui me vient en exemple.

Par certains aspects, le trouble et les difficultés adolescentes sont les mêmes pour les deux sexes ; par d'autres, les tonalités dues aux différences dans le processus antérieur et à venir, dans les particularités de l'Œdipe et de ses destins, dans les modalités de traitement de la perte qu'ils convoquent diversement, modulent, irisent d'un sexe à l'autre les destins de la séparation, en y engageant l'intégration du féminin dans les deux sexes et les destins de la passivité et de l'activité : sous la plume de Racine, c'est Bérénice, non Titus, qui livre ces vers sublimes : « Dans un mois, dans un an, comment souffrirons-nous, Seigneur, que tant de mers me séparent de vous » (1670 ; 1998, p. 414). Faute de temps pour un tel sujet, je m'appuierai à présent sur des figures féminines.

Premier temps pour l'adolescent, le coup de théâtre de la puberté, des modifications physiologiques auxquelles elle soumet le jeune sujet, lui imposant une séparation d'avec son corps d'enfant, d'avec l'image de soi jusque-là progressivement réajustée, en appui sur la continuité du regard tendre de l'entourage. Ici, en effet, la capacité, pour la mère et le père, d'investir le corps de l'adolescente comme un corps sexué, désemmailloté du corps maternel, et différent du sien dans son potentiel attractif, non excitant mais potentiellement désirable pour des tiers à venir, a un rôle crucial pour la fille dans son propre investissement et dans le rôle qu'elle attribuera aux objets externes.

Laissons parler Frankie, qui exprime l'angoisse de la passivité devant l'évolution anarchique de son corps – sans pour autant évoquer directement l'essentiel, sa sexualisation et la double passivation à laquelle est soumise la fille : à celle qu'impose à tous la puberté et ses émois internes s'ajoute, pour cette dernière, celle où la soumet, tout à coup, le désir de l'autre. La folie justificatrice qui, chez Frankie, rationnalise le sentiment d'inéluctabilité et de perte de contrôle, traduit la difficulté adolescente à s'inscrire dans une temporalité nuancée : « Elle était debout devant le miroir, et elle se sentait effrayée. Cet été-là était pour elle l'été de la peur – et parmi toutes ses peurs il y en avait une qu'on pouvait calculer mathématiquement [...] Cet été-là, elle avait 12 ans et 10 mois. Elle mesurait un mètre soixante-six et chaussait du quarante. Depuis l'an dernier, selon sa propre estimation, elle avait grandi de dix centimètres [...] Si elle devait grandir jusqu'à 18 ans, cela durerait encore cinq ans et deux mois. Donc, d'après ses calculs mathématiques, si elle ne trouvait d'ici là aucun moyen de s'arrêter, elle finirait par mesurer deux mètres soixante-quatorze. Et qu'est-ce que c'était qu'une femme qui mesurait deux mètres soixante-quatorze ? C'était un phénomène de foire » (*ibid.*, p 38).

Perte du corps de l'enfance, de ses repères narcissiques ; perte de l'illusion d'une complétude bisexuelle, et du sentiment de toute-puissance qui l'accompagne, et perte aussi de la protection face aux désirs qui émergent, sur un mode traumatique, portant attaque de l'extérieur et, surtout, de l'intérieur et suscitant des désirs exhibitionnistes angoissants (ici, phénomène de foire), des projections (comme le montre Freud dans ce qui se joue pour Emma, avec les garçons de magasin). Ils rendent impératives des mesures de protection et mettent souvent en défaut des défenses psychiques.

Marie, 16 ans, évoque son effroi devant l'apparition des signes de la féminité sur son corps : « Avant, je me sentais bien avec mon corps, j'avais l'impression d'être un garçon, enfin je savais que je n'étais pas un garçon mais j'aimais être maigre, plate ; quand j'ai commencé à changer c'était terrible : j'avais l'impression de ne plus me reconnaître et de ne plus m'appartenir, parce qu'on me regardait autrement, parce que des garçons me sifflaient dans la rue, tout était changé. » Les épisodes anorexiques transitoires, fréquents à l'entrée dans la puberté, ont souvent pour fonction de nier et gommer tous les signes internes et externes de la féminité, et de réprimer la pulsion sexuelle. Du côté des relations d'objet, la puberté éveille chez tous les partenaires de la triangulation œdipienne des mouvements contrastés, parfois brutaux, qui engagent alors l'adolescent dans le recours ponctuel – plus ou moins durable au registre de l'agir.

Frankie a perdu sa mère à la naissance ; elle vit seule avec Berenice, une cuisinière-gouvernante qui la materne avec suffisamment d'ambivalence (et lui sert de modèle féminin) et son père, en étroite relation avec lui. Elle se voit brusquement contrainte de modifier le lien d'enfance, établi depuis la mort de la mère : « Depuis le mois de juin, et sans vouloir se l'avouer, elle lui en voulait terriblement – depuis le soir où il avait demandé quelle était cette grande godiche qui voulait encore dormir avec son papa » (*ibid.*, p. 98) : on appréciera la symétrie des positions père-fille dans la lutte contre-œdipienne et l'utilisation, chez la fille, du retournement d'affect en son contraire afin de récupérer l'illusion d'une position active. On notera aussi, pour en repérer plus tard les conséquences, la capacité de ce père à poser cette distance, marquant la reconnaissance de la sexuation du corps de l'adolescente et son respect.

Dans ce contexte d'excitation, d'affects débordants et mêlés, les recours défensifs sont toujours contrastés : c'est le cas pour Frankie. Envahie par le trouble vague, sensuel, issu du réveil pulsionnel et déposé sur tout l'environnement (les fleurs, les odeurs, les musiques) qui suscite alors en elle des émois diffus, elle rêve tout d'abord d'une relation narcissique avec le couple formé par son frère et sa fiancée. Elle veut troquer son prénom contre celui de Jasmine pour s'appeler, comme eux, d'un prénom commençant par J : elle décide obstinément qu'elle les suivra partout, partant avec eux lorsqu'ils repartiront après les fiançailles, quittant ainsi pour toujours sa maison, son père, sa gouvernante. Elle rêve, ainsi, de se perdre dans une relation idéalisée, désexualisée, d'ordre océanique dans laquelle elle serait incluse, en miroir, et qui vise à nier temporairement la différence des sexes, l'impact du sexuel, et la nécessité de la séparation.

Or, un des enjeux du processus adolescent, c'est la poursuite d'une différenciation qui permette tout à la fois d'affiner les différences établies entre soi et l'autre, et tout d'abord entre mère et fille, en se dégageant de ce que François Ladame désigne comme emmaillotement narcissique (1983), et qui engage également l'aboutissement de l'intégration de la différence des sexes, à travers la potentialité et plus tard l'expérience orgasmique. L'ensemble passe par la reconnaissance des limitations inhérentes à la condition œdipienne et, plus largement, à la condition humaine, qui nous assigne dans un sexe, un rôle, une position, et par l'abandon des illusions de toute-puissance. « Je voudrais être n'importe qui excepté moi » : cette pensée de Frankie que j'ai mise en exergue traduit le vacillement dû à la perte de la continuité de l'expérience de soi, et du regard aimant de l'autre. Elle signe le besoin d'arrachement *actif* hors de soi et la recherche d'un objet qui la rassemble à nouveau et lui donne une identité nouvelle, faute de repères phalliques assurés : prise dans un mouvement ambigu, que l'on rencontre souvent chez les adolescentes, d'ouverture au désir et de dépréciation de soi, qui condense le masochisme de la démarche, elle s'engage alors brusquement dans un recours au sexuel qui la livre temporairement, passive, au désir d'un homme inconnu, un soldat croisé par hasard, dans son errance.

Dans le cas de Frankie, le passage à l'acte s'interrompt avec la résurgence d'un souvenir traumatique, celui d'une scène sexuelle à laquelle des adultes l'ont exposée dans l'enfance, suscitant chez le père et la gouvernante une colère jusque là non comprise, et qui prend tout à coup sens et la conduit, dans un retournement de la passivité en activité, à assommer le soldat et à s'enfuir.

Ce recours à l'acte sexuel, bien souvent mené jusqu'au bout, est fréquent en ce temps précoce d'adolescence, comme une manière de couper court au processus de séparation, de se jeter de l'enfance dans l'âge adulte, de chercher à rompre les attachements œdipiens, et peut-être aussi, secrètement, de rechercher une contention, des limites interdictrices et protectrices.

Chez Duras, de *Barrage contre le Pacifique* à *l'Amant*, on voit l'intrication étroite qui se joue, dans la vie comme dans l'œuvre, entre l'impossibilité de se détacher d'une mère qui ne l'investit pas suffisamment, entièrement tournée vers le fils aîné, l'absence de regard paternel et l'accès précoce au lien amoureux. Elle se jette dans le désir de son amant, s'y trouve ou s'y perd : elle dépose chez l'autre l'intensité de son besoin d'investissement.

Chez la fille, en effet, Freud l'a souligné tardivement (1931, *De la sexualité féminine* ; 1932, *La féminité*) les choses sont plus complexes que chez le garçon dans ce domaine. Quitter le père, certes, c'est essentiel, et aboutit à le chercher toute sa vie parfois, mais souligne-t-il aussi, n'est-ce pas bien souvent la mère qu'on avait crue tôt rejetée au profit de l'investissement œdipien du père, que l'on retrouve tardivement dans les choix d'objet ?

Car pour la fille, c'est par deux fois que les nécessités de la séparation et des pertes qui l'accompagnent se sont jouées, engageant un sentiment de perte qui, dans sa résurgence, affole l'adolescente d'autant plus que ses repères pour y faire face sont moins ancrés dans l'activité que chez le garçon : si ce dernier est, comme l'écrit Schaeffer « destiné à une sexualité de conquête » (2007) qui, dès la phase phallique, contribue aux premiers détachements par le recours à la maîtrise anale, la fille est, par les destins mêmes de son organisation physiologique, vouée à l'attente, au sentiment de non maîtrise de pertes successives, difficiles à symboliser, et qui impliquent pour s'élaborer l'ancrage d'un solide masochisme primaire.

Pour revenir à *Frankie Adams*, Carson Mc Cullers nous permet d'appréhender non pas les turbulences d'un cas clinique engagé dans un processus pathologique mais les débuts d'une trajectoire adolescente qui, malgré l'absence d'une mère dès les premiers temps, vacille puis parvient à se réorganiser, retrouvant des repères après des tentatives défensives d'ordre divers, et réorganise ses liens aux objets. Elle s'appuie, ce faisant, sur une double polarité :

celle d'un soutien féminin suffisamment bienveillant, tout à la fois prometteur de relations génitalisées pour l'avenir et limitant pour le présent, incarné par Berenice, et celui d'une présence paternelle qui porte discrètement l'investissement du souvenir maternel et soutient, par l'investissement bien tempéré qu'il a de sa fille, le processus de séparation amorcé sous l'impact des changements pubertaires. Frankie revient, en fin de roman, à une sorte de niaiserie temporaire qui lui permet de préparer les séparations à venir.

À l'inverse, le destin de Véra, la fille de Madeleine, présenté dans *Les Bien-aimés* s'organise autour d'une configuration triangulaire non protectrice. On voit la fille adolescente, mise brusquement au cœur de la sexualité ardente de ses parents, des désirs de sa mère pour son père, se sauver et errer dans les rues, emplie du désir d'une relation sexuelle, pour vivre par elle-même et sentir s'incarner ce qui trouble tant les adultes : ici, se retrouve ce mouvement déjà décrit, présent chez Mc Cullers, chez Duras, dans la vie de tant d'adolescentes. Mais – faute sans doute d'avoir pu opérer la séparation d'avec cette mère si proche et si séductrice – sa vie s'engage ensuite dans une répétition amplifiée du lien masochiste établi par la mère avec ce père, seul homme de sa vie. Et faute d'avoir rencontré de la part du père un regard qui lui soit destiné, qui la situe comme femme désirable autrement que comme reduplication de sa mère, elle mène jusqu'au bout, attachée à un homme qui ne peut l'aimer exclusivement, une trajectoire destructrice.

Pour conclure rapidement, je soulignerai l'importance de ce moment d'adolescence dans la trajectoire qui nous mène, ou pas, à l'accomplissement du processus de séparation, l'impact durable de sa non-élaboration. J'aurais volontiers, pour faire transition avec le texte de Benoit Verdon, évoqué cette patiente qui, à 85 ans, engagée au cours de sa vie dans deux longues analyses avec des thérapeutes l'un et l'autre décédés, vient me voir quelque temps après la disparition du second, en me disant pour expliquer son choix : « j'ai lu votre ouvrage sur l'adolescence, je m'y suis totalement retrouvée ».

Faute de pouvoir procéder à cette élaboration, certains en effet vivent, parfois toute leur vie, ce qu'évoque poétiquement dans *Dactylographie*, sous le nom d'Alvaro de Campos, Fernando Pessoa, prestidigitateur d'identités, publiant sous 70 hétéronymes :

« *Nous avons tous deux vies :*
la vraie, celle que nous avons rêvée dans notre enfance, et que nous continuons à rêver, adultes, sur un fond de brouillard ;
la fausse, celle que nous vivons dans nos rapports avec les autres,
qui est la pratique, l'utile,
celle où l'on finit par nous mettre au cercueil. »
(1933, p. 227)

Bibliographie

Duras, M. 1984. *L'amant*, Paris, Éditions de Minuit, 2005.

Freud, S. 1931. « De la sexualité féminine », *Œuvres complètes, XIX*, Paris, Puf, 1995, p. 9-37.

Freud, S. 1932. « La féminité », *Œuvres complètes, XIX*, Paris, Puf, 1995, p. 195-219.

Honoré, C. 2011. *Les Bien-aimés*, film.

Ladame, F. 1983. « Adolescence et féminité : histoire d'une histoire », *Adolescence*, vol. 1, n° 2, p. 217-237.

McCullers, C. 1946. *Frankie Adams*, tr. fr. Paris, Stock, 1949, 2000.

Pessoa, F. 1933. « Dactylographie », dans *Le gardeur de troupeaux et autres poèmes*, tr. fr. 1968, Paris, NRF, Poésie/Gallimard, 1987.

Racine, J. 1670. « Bérénice », dans *Théâtre complet*, Paris, Le Livre de poche, La pochothéque, 1998.

Schaeffer, J. 2007. « Peur et conquête du féminin à l'adolescence dans les deux sexes », *Adolescence*, vol. 25, n° 2, p. 261-277.

De désunion en abandon : séparations inéluctables, séparations impossibles à l'épreuve du vieillissement

Benoît Verdon

La traversée du vieillissement et de la vieillesse témoigne avec force de l'importance fondamentale, structurante, dégageante, de la possibilité de se séparer, de supporter l'absence, de pouvoir mobiliser en soi cette dépressivité chère à Pierre Fédida (2001), ce masochisme gardien de la vie cher à Benno Rosenberg (1982), qui l'un et l'autre participent de la capacité d'endurer la souffrance, et sont condi-

---

Benoît Verdon, psychologue clinicien, psychanalyste, professeur des universités LPCP, université Paris-Descartes.

tions de la constitution d'un monde interne suffisamment *secure* permettant d'envisager la séparation autrement que comme un arrachement, une catastrophe.

Il est des femmes et des hommes qui, au soir de leur vie, peuvent porter un regard somme toute bienveillant sur le chemin parcouru, tout à la fois accompli et inachevé, témoignant de l'effectivité d'un certain travail de relâchement des investissements, de renoncement et de deuil, se reconnaissant dans ce qu'ils furent et ne sont plus, et dans ce qu'ils sont encore et toujours, et pouvant conjointement reconnaître à l'autre le droit et la légitimité de poursuivre le chemin qui est le sien. Mais il est aussi des femmes et des hommes qui, s'affrontant à la perte, à la maladie et à la mort, tombent et peinent à se relever, entraînés par la conviction d'être laissés de côté, oubliés, de ne rien valoir et de ne compter pour personne, ou la conviction que l'autre, au contraire, ne saurait continuer sans eux.

Mes années de pratique clinique auprès d'adultes âgés m'ont rendu sensible à l'importance d'un vieillissement non pas « réussi » comme l'érigent les normes contemporaines, mais consenti, un vieillissement non pas dompté, mais apprivoisé (Danon-Boileau, 2000 ; Martz et Billé, 2010).

Vieillir est une expérience difficile, périlleuse, évidemment marquée par la perspective, si ce n'est l'expérience, de la mort de l'autre : cette réalité radicale que nos amours et nos rivaux passent, bientôt dispersés, mais aussi marquée par l'idée que nous ne serons plus là un jour, nous non plus, c'est-à-dire que nous ne serons plus là pour nous assurer que même celles et ceux que nous avons aimés n'auront pas trop vite effacé nos traces et nos noms de leur mémoire.

Mais la mort n'est pas seulement ce qu'annonce le crépuscule, elle est d'abord ce présent en chacun qui déjà menace dangereusement les investissements. Alors qu'il n'est âgé que de 26 ans, Paul Nizan a déjà cette lucidité tranchante : « La mort me dégoûte si elle est moins la négation de tout ce qui va venir qu'une disposition encore humaine comme la maladie, le froid, la douleur physique. La véritable mort est ce qu'elle est, ce que la vie n'est pas, ce qu'est l'état d'un homme *quand il ne pense rien, quand il ne se pense pas, quand il ne pense pas que les autres le pensent* » (1931, p. 125 ; c'est moi qui souligne).

Il est des expériences de la vie, liées à la traversée du vieillissement, qui illustrent tragiquement cette séparation singulière où l'on en vient à être séparé de soi. C'est par exemple le cas d'une affection cérébrale à expression démentielle comme la maladie d'Alzheimer.

Je me permets, pour en dire un mot, de faire un détour par une pensée de Piera Aulagnier : « Personne ne peut garder le souvenir de sa rencontre avec le sein, du plaisir de l'allaitement, de la joie qui accompagnait l'énonciation des premiers mots ou d'une première maîtrise de son corps propre, mais tout sujet, à un certain moment de son existence, se découvrira face au spectacle ou à la pensée d'*un* enfant dans les bras d'*une* mère, envahi par une émotion d'une même intensité et il éprouvera un même sentiment, mais de qualité inverse, face à la vision ou la pensée des cris de détresse d'un nourrisson abandonné » (1989, p. 204 ; c'est elle qui souligne).

Comment ne pas penser au spectacle tout aussi saisissant et terrifiant des vieillards malades de pathologies cérébrales, atteints dans leur jugement et leur autonomie, impotents, qui ne peuvent plus parler de façon intelligible, qui ne contrôlent plus leurs sphincters, qui déambulent, éternellement perdus, dans les dédales d'un hospice, ou alités à longueur de journée. Cet état de dépendance extrême est l'un des spectres les plus redoutés de nos jours, sans doute en ce qu'il n'est pas sans lien avec cet « état de détresse » de l'enfant plongé dans une impuissance sans recours, sans possibilité même de se venir en aide, de survivre sans le secours apporté par l'objet (André, Chabert. et coll., 1999 ; Roussillon, 1999). Si la vieillesse ne peut bien sûr être comparée à la passivité du nourrisson caractérisée par le retard neurophysiologique de ses mécanismes adaptatifs et la difficulté de lier l'excitation psychique, elle n'est pas sans faire courir le risque d'une dégradation et d'une dilution identitaire à laquelle nul ne peut prétendre échapper assurément.

Nous sommes assis l'un près de l'autre, à une table, depuis plus d'un quart d'heure et Jeanne, 89 ans, me parle de son impression douloureuse de ne pas savoir où elle se trouve, de ne pas comprendre ce qui se passe autour d'elle et en elle, de ne pas identifier les personnes qui vont et qui viennent… « Viens près de moi » me dit-elle soudainement. Déconcerté, je lui réponds : « Mais je suis près de vous. » « Oui, mais c'est moi qui suis ailleurs… Reste près de moi, car moi j'veux pas partir » (Verdon et Mure, 2007).

Cette difficulté majeure à pouvoir trouver une confiance stable dans la relation à soi et à l'autre, face aux violents éprouvés de séparation engageant une déperdition, n'est bien sûr pas le seul apanage des personnes atteintes de la maladie d'Alzheimer. Les propos de Jeanne font par exemple écho à ces mots terribles de Marguerite Duras dans *C'est tout* (1995) : « Viens. Dépêche-toi de penser à moi. Je me sens perdue. Je suis seule. Venez avec moi. Vite, venez. Venez dans mon visage avec moi. Je crois que c'est terminé. Que ma vie, c'est fini. Je ne suis plus rien. Je suis devenue complètement effrayante. Je ne tiens plus ensemble. Viens vite. Je n'ai plus de bouche, plus de visage. »

Cette urgence de la présence de l'autre face à l'insupportable séparation, insupportable en ce qu'elle arrache, révélant une fragilité majeure des assises narcissiques, insupportable parce que somme toute impossible, a également marqué avec force quelques entretiens que j'ai eus avec une femme qui est venue me voir une première fois alors qu'elle avait 65 ans, non pour une analyse, mais pour un bilan psychologique. À la retraite depuis quelques mois, Amélie souhaitait en effet faire le point sur sa mémoire car elle rencontrait des difficultés au quotidien dont la similarité avec ce qu'elle entendait être les symptômes de la maladie d'Alzheimer l'inquiétait fortement.

Comme cela heureusement arrive parfois, j'observai un contraste saisissant entre l'intensité de la plainte d'Amélie et l'excellence de la mobilisation des processus cognitifs au bilan psychologique (Verdon, 2007). Je fus par contre beaucoup plus préoccupé par sa souffrance psychique. Amélie était anxieuse, mal à l'aise ; elle parlait bas et fuyait le regard. Se plaignant de n'avoir plus de repères depuis qu'elle était à la retraite et de se sentir « vieille et inutile », elle me fit également part de son « angoisse abandonnique » d'être quittée par son mari et de voir bientôt ses enfants et ses petits-enfants déménager loin de chez elle. « Je ne pense qu'aux choses difficiles et aux malheurs, je ne peux pas m'autoriser le bonheur » me dit-elle. Si elle a accepté de prendre un antidépresseur prescrit par le psychiatre qui me l'a adressée, Amélie s'est jusque-là refusée à tout projet de psychothérapie. Elle accepta néanmoins de rencontrer un collègue, et de revenir me voir dans un an ou deux pour refaire le point si elle le souhaitait.

Quatre ans plus tard, Amélie me refait signe. Elle continue d'avoir des trous de mémoire : elle oublie ce qu'elle lit, égare ses affaires et décrit alors des moments de panique intense où elle est persuadée que les objets qu'elle perd « se liguent » contre (elle).

« C'est comme une coalition des objets contre moi... toute la maison... C'est une impression... quelque chose de pas bien entouré, quelque chose de diffus. Ma première impression est d'être complètement perdue. » Amélie prend de temps en temps un antidépresseur et un anxiolytique et me dit qu'elle n'a jamais contacté le collègue auquel je l'avais adressée, arguant du désaccord de son mari à l'égard de ses sorties et de son discrédit à l'égard de tout ce qui est « psy ». Elle lui a d'ailleurs menti pour justifier ses absences pour ce second bilan psychologique, prétextant se rendre au cimetière pour « *soigner* » la tombe de sa sœur.

Lors de cette nouvelle rencontre, Amélie manifeste toujours une mobilisation cognitive remarquable et le bilan psychologique ne témoigne toujours d'aucune fragilité susceptible de soutenir l'hypothèse d'une atteinte cérébrale sous-jacente. Plus préoccupante demeure la mésestime narcissique. Non seulement son époux refuserait de l'accompagner hors de chez eux, mais il lui intimerait de ne pas s'investir ailleurs au cas où ils auraient à partir, ce qu'ils ne font quasiment jamais cependant. « Il ne veut pas de contraintes. Je pourrais faire hein, mais il ne serait pas content. Je crois que ça me ferait beaucoup de bien de faire une activité mais en même temps, je sens que mon mari est contre. » Alors Amélie fait ce que son mari lui demande, ou, plus exactement, ce qu'elle pense qu'il exige de façon permanente et intransigeante : elle appelle ses enfants, après lui en avoir demandé l'autorisation, elle se teint les cheveux car il ne veut pas qu'elle ait des cheveux blancs, elle reste au domicile, en silence, près de lui, pendant qu'il fait des mots croisés. « Dans ces moments-là, me dit-elle en pleurant, je me sens vieille et laide. Et lui, il me dit que je suis débile et conne. Mais si je le laisse seul à la maison et que moi je sors, il va s'encroûter, je ne veux pas le laisser s'encroûter. »

Très vite cependant, derrière la crainte du dépérissement du mari laissé seul, se dévoile l'angoisse de le perdre : « J'ai toujours peur qu'il parte ; si je m'absente, j'ai peur qu'il ne soit pas là à mon retour ; c'est pas normal d'être comme ça, c'est peut-être un début de maladie d'Alzheimer… Être une personne plutôt faible, qui n'aime pas les conflits, qui se laisse écraser facilement, être effacée et gentille, je pensais que c'était un terrain de développement de cette maladie. Je suis comme la “femme sous influence” de Cassavetes, je ne sais pas ce que je veux et ce que je ne veux pas. C'est lui qui décide, et d'autre part, ça me gêne de me comporter comme ça… On creuse sa propre tombe. »

L'angoisse que son mari s'échappe à sa vigilance et ne profite de son absence pour partir est telle qu'Amélie me demande, en pleurs, à arrêter l'entretien pour qu'elle puisse rentrer chez elle et s'assurer que son mari, parti tôt le matin pour un rendez-vous administratif alors qu'elle n'était pas encore levée – elle ne l'avait donc pas vu, et notamment pas vu partir –, n'était pas parti pour toujours mais bien rentré au domicile. Elle remet son manteau et, en larmes, s'en va.

Si l'entretien avec Jeanne m'avait beaucoup déconcerté – j'étais stagiaire à l'époque, vraiment peu aguerri –, celui avec Amélie m'a sur le coup laissé très démuni, et inquiet. Associée à l'appréhension d'une maladie mettant en péril l'autonomie et faisant courir le risque de dépendre des soins qu'autrui voudra bien ou pas prodiguer, se révèle l'angoisse de perdre un objet d'amour avec qui Amélie entretient une relation marquée par la dépendance, la soumission/domination et l'emprise. L'objet ne peut être investi que dans des alternances brutales où il disqualifie ou abandonne. Le masochisme se révèle alors garant d'un lien maintenu avec cet objet qui, par sa maltraitance, prouve cependant qu'il est encore et toujours là. La séparation redoutée, voire même plus, douloureusement anticipée, révèle la crainte incessante de ne plus avoir prise sur l'objet. Celui-ci doit être contrôlé, gardé près de soi (André, 1999 ; Chabert, 2003 ; Dorey, 1981).

Amélie m'a rappelé l'après-midi même, pour me dire que son mari était bien rentré chez eux, et qu'elle voulait un autre rendez-vous avec moi pour poursuivre l'entretien. Si elle lui a encore menti, argumentant de nouveau le fait qu'elle allait sur la tombe de sa sœur, elle me dit alors : « Moi, je veux pas être enterrée, je veux être incinérée, comme ça on ne laisse aucun souci aux autres, ils ne sont pas obligés de venir fleurir la tombe. Ainsi, je ne leur manquerai pas trop. Mes enfants ne seront pas trop malheureux si je ne me donne pas trop d'importance, mais c'est difficile pour moi, je veux me rendre utile, je veux me rendre présente, je leur écris, je veux marquer ma présence auprès d'eux. »

La relation d'objet apparaît décidément empreinte, là d'une insécurité permanente, d'un besoin impérieux d'agrippement, tant l'éloignement engage inéluctablement l'appréhension du non-retour, tant la séparation fait craindre d'être oubliée. Angoissée par sa mémoire qu'elle trouve vacillante et qui la contraint à scruter son environnement, Amélie se révèle hantée par une angoisse indicible, non pas tant celle de n'être pas trouvée, que celle de n'être même pas cherchée. Le silence de l'autre est insupportable, et la douleur de l'inquiétude, l'énergie dépensée à vérifier l'effectivité de sa présence, voire le bruit de la plainte à l'idée de toute séparation, lui permettent alors peut-être de tenir bon.

Alors que je réfléchissais à ce texte, j'ai repensé au poème d'Hugo, *Alors que je regardais le ciel*. La bien aimée se désole de la contemplation du ciel par son homme : « Que font vos yeux là-haut ? lui dit-elle, je les réclame. Quittez le ciel, regardez dans mon âme. » Et lui, s'adressant à la nature : « C'est un destin bien triste que le nôtre, puisqu'un tel jour s'envole comme un autre. Quand les beaux jours font place aux jours amers, de tout bonheur il faut quitter l'idée ; quand l'espérance est tout à fait vidée, laissons tomber la coupe au fond des mers. L'oubli ! l'oubli ! c'est l'onde où tout se noie ; c'est la mer sombre où l'on jette sa joie. »

La perspective de la séparation à venir entache alors le bonheur présent. Nulle possibilité d'être main dans la main avec ce qui, en soi, est voué au changement, à la perte, avec ce qui, en soi, n'est plus intègre ; la séparation à venir suscitant déjà là, déjà maintenant, l'effroi de tenir une main froide, désincarnée, déjà morte. Si l'expérience de la séparation est douloureuse, elle n'en est pas moins, dit Nicole Jeammet, un lieu précieux où « apprendre la liberté de l'autre, et en retour recevoir la sienne. C'est dans le renoncement à être comblé que se dessine progressivement ce qui appartient à chacun en propre, délimitant identités et espaces de vie entre chacun » (1989, p. 128).

La perspective de la fin de vie met à l'épreuve la capacité de chacun à traiter les expériences de perte et de séparation qui participent de l'expérience de la vie. Elle invite à un regard sur le chemin parcouru dans la tension inhérente aux vœux d'accomplissement que nous nourrissons et à l'évidence de l'inachèvement qui nous caractérise. C'est à cette démarche interne que j'espère qu'Amélie a pu s'affronter dans la psychothérapie qu'elle a accepté enfin d'entreprendre suite à ce deuxième bilan, pour peut-être découvrir que la séparation n'est pas forcément une catastrophe, afin de pouvoir s'approprier de mener sa vie avec plus de liberté, peut-être pas la vie rêvée, mais au moins une vie avec quelques rêves.

Bibliographie

André, J. (sous la direction de). 1999. *L'unique objet, introduction de Les états-limites, nouveau paradigme pour la psychanalyse ?*, Paris, Puf, p. 1-21.

André, J. ; Chabert, C. et coll. 1999. *États de détresse*, Paris, Puf.

Aulagnier, P. 1989. « Se construire un passé. Exposé théorique », *Journal de la psychanalyse de l'enfant*, n° 7, p. 191-220.

Chabert, C. 2003. *Féminin mélancolique*, Paris, Puf.

Danon-Boileau, H. 2000. *De la vieillesse à la mort. Point de vue d'un usager,* Paris, Calmann-Levy.

Dorey, R. 1981. « La relation d'emprise », *Nouvelle revue de psychanalyse,* n° 24, p. 117-139.

Duras, M. 1995. *C'est tout*, Paris, pol.

Fédida, P. 2001. *Des bienfaits de la dépression. Éloge de la psychothérapie*, Paris, Odile Jacob.

Freud, S. 1915. « Deuil et mélancolie », *Œuvres complètes, XIII,* Paris, Puf, p. 261-280.

Jeammet, N. 1989. *La haine nécessaire*, Paris, Puf, 2e édition, 1995.

Martz, D. ; Billé, M. 2010. *La tyrannie du bien vieillir,* Bordeaux, Le bord de l'eau.

Nizan, P. 1931. *Aden Arabie*, Paris, La découverte, 2002.

Rosenberg, B. 1982. « Masochisme mortifère et masochisme gardien de la vie », *Les cahiers du centre de psychanalyse et de psychothérapie*, n° 5, p. 41-95.

Roussillon, R. 1999. *Agonie, clivage et symbolisation*, Paris, Puf.

Verdon, B. 2007. « Diversité psychopathologique dans la clinique de la plainte mnésique de l'adulte vieillissant », *Psychologie et neuropsychiatrie du vieillissement*, vol. 5, n° 3, p. 209-223.

Verdon, B. 2008. « Perdre, manquer, renoncer. Dépressivité, conflictualité névrotique et traversée du vieillissement », *L'encéphale*, n° 34, sup. 2, p. 61-64.

Verdon, B. 2010. « Résister, collaborer. Figures d'une dynamique mise à l'épreuve par la traversée du vieillissement », dans *Résister et Vivre. Au croisement des disciplines et des cultures*, Paris, Ophrys, p. 139-147.

Verdon, B. 2012. *Cliniques de l'adulte âgé. Pratiques psychologiques*, Paris, Armand Colin.

Verdon, B. 2012. *Clinique et psychopathologie du vieillissement. Apport des méthodes projectives* (Rorschach, TAT), Paris, Dunod.

Verdon, B. ; Mure C. 2007. « Psychologue à l'hôpital gériatrique », dans F. Marty (sous la direction de), *Le psychologue à l'hôpital*, Paris, In Press, p. 137-160.

La séparation et la dialectique présence/abscence

René Roussillon

La problématique de la séparation occupe une place importante dans la réflexion clinique du XXIe siècle, comparable à celle que la castration a pu occuper dans les années 1970-1980. De par la position pivot qu'elle occupe, elle représente l'un des paradigmes essentiels de la psychopathologie clinique actuelle et constitue un point d'ouverture en direction de la conflictualité psychique en lien d'une part avec le conflit d'ambivalence qu'elle contribue à rendre inévitable, et d'autre part avec la complexité des

---

René Roussillon, professeur à l'université de Lyon 2, Centre de recherches en psychothérapie et psychologie clinique (CRPPC), psychanalyste, membre formateur de la SPP.

conflits œdipiens. Mais en aval elle reprend une part essentielle des problématiques de la construction des liens premiers, et donc de la construction des rencontres premières avec les objets autres-sujets avec lesquels le sujet doit ou a dû se construire. Les questions posées à la psyché par la séparation sont complexes et le dégagement de leur clinique et de ses avatars psychopathologiques a une histoire qui mêle celle de l'approfondissement de la métabolisation de l'expérience de la séparation et celle de ce que révèle son échec parfois dans ce travail.

Schématiquement je dégagerai trois temps de cette histoire, qui correspondent à trois types de problématiques cliniques :
– il y a d'abord la question de l'expérience de la séparation elle même, en tant qu'elle représente une expérience singulière qui a sa problématique propre ;
– mais au constat de l'échec de certains sujets à en élaborer le vif, la question a émergé de l'existence de certaines conditions préalables à sa métabolisation, c'est-à-dire la question de ce qui en amont entrave ou à l'inverse rend possible, facilite, sa métabolisation ;
– une expérience antérieure est apparue comme relativement décisive dans l'analyse des conditions préalables en question : celle de la « capacité d'être seul en face de l'objet ». Mais du coup l'échec de celle-ci a à son tour ouvert la question de ce qui est nécessaire pour qu'elle puisse être éprouvée, ce qui exige une réflexion sur le mode d'absence en présence de

l'autre qui à son tour appelle la pensée du côté de l'exploration des formes d'échecs ou de particularités de la rencontre première : on se sépare, on tolère la solitude en présence de l'objet, en fonction de la manière dont il a été rencontré, en fonction de la manière dont s'est établi le lien premier. Les problématiques liées à ces trois « temps », l'organisation de leur articulation régrédiente profile le champ tensionnel d'une dialectique présence/absence, rencontre/séparation, qui commande le travail d'élaboration de l'expérience de la séparation. Elle conduit à explorer l'un des parents pauvres de la métapsychologie psychanalytique : la métapsychologie de la présence et, son corollaire indispensable, la question des formes de la symbolisation en présence de l'objet. Reprenons en détail la clinique de ces trois temps, de ces trois pôles du champ tensionnel.

L'EXPÉRIENCE DE LA SÉPARATION ET LA CONFLICTUALITÉ QUI LUI EST ASSOCIÉE

Ce qui caractérise la séparation est l'absence perceptive de l'objet qui confronte le sujet à la question d'une représentation interne de l'objet investi sans perception extérieure associée. À l'inverse de la présence qui, elle, suppose la mise en coïncidence de la perception et de la représentation interne de l'objet investi. Je rappelle au passage que sur la fin de son œuvre Freud en vient à considérer, à l'inverse de ce qu'il a d'abord avancé, que perception et hallucination ne s'excluent pas et peuvent même tout à fait coïncider, se mêler l'une à l'autre. C'est ce que toute la clinique de la psychose met en évidence de manière décisive, mais c'est ce qui se retrouve aussi sous des formes moins manifestes dans toute une série de fonctionnements psychiques.

Le problème spécifique de la séparation est celui du passage de la présence à l'absence, c'est-à-dire celui du décollement de la représentation interne investie et de la perception investie. On sait qu'il faut attendre une certaine époque du développement (autour de 18 mois) pour que ce décollement puisse se faire dans de bonnes conditions, et que la disparition de la perception de l'objet ne risque pas « d'arracher » avec elle la représentation de l'objet, c'est-à-dire que la représentation interne de l'objet reste constante. Les séparations sont possibles avant cette époque mais elles conservent nécessairement un caractère difficile et, après cette époque elles peuvent encore rester problématiques, notamment avant l'acquisition du langage verbal. Nous reviendrons sur ce point plus loin. La question qui vient ensuite est la suivante : quel est le problème posé à la psyché par ce décollement ? Autrement dit comment maintenir une économie sous le primat suffisant du principe de plaisir, comment commencer à intégrer dans celui-ci une part de principe de réalité et qu'il « survive » à cette introduction ?

Deux grandes voies s'offrent au fonctionnement psychique, deux voies qui peuvent s'articuler ou se dialectiser entre elles :

– l'investissement d'un objet substitut de l'objet disparu, le transfert de l'investissement d'objet sur un autre objet ;
– le développement d'une voie auto-érotique, c'est-à-dire se prendre soi-même et la représentation d'objet en soi comme objet de substitut.

Mais ces deux voies ouvrent aussi à l'éprouver du conflit psychique. Car la séparation et la quête de substitut révèlent la question de la place et de la fonction de l'objet dans la présence, elles révèlent quelque chose de l'objet et du rapport que le sujet entretient avec l'objet.

1. Dans la relation à l'objet la séparation révèle la dépendance, éveille la blessure que celle-ci occasionne au narcissisme premier : le sujet dépend de l'objet pour toute une série de satisfactions, la séparation bat en brèche l'illusion narcissique d'une autosatisfaction. La blessure narcissique ainsi éprouvée éveille à la fois les mouvements hostiles à l'égard de l'objet qui, par le manque qu'il fait sentir, fait aussi sentir la dépendance dans laquelle se trouve l'*infans*, et en même temps l'importance de la présence de cet objet et l'intensité de l'amour qui lui est porté. Hostilité et haine de l'objet accompagnent et se dialectisent avec amour et investissement de l'objet, ce qui organise la première forme du conflit d'ambivalence.

Mais dans la séparation et le décollement de la représentation interne et de la perception qu'elle implique, un autre conflit émerge. Quelle voie choisir pour tenter de retrouver l'objet ? Un autre conflit se profile ainsi : celui qui concerne les voies de satisfaction, la voie autoérotique et l'indépendance qu'elle donne par rapport à l'objet, ou la voie hétéroérotique avec la dépendance qu'elle implique. Soit investir la représentation interne de l'objet même si elle n'est qu'un substitut de l'objet, c'est la voie autoérotique, dans la mesure où la représentation interne de l'objet est aussi une appartenance du sujet, c'est-à-dire investir « l'identité de pensée ». Soit maintenir l'investissement de la perception de l'objet, tenter de le retenir, de le faire revenir, de le retrouver, ou rester dans la nostalgie de sa présence, inconsolable, reporter sur un autre objet l'investissement perceptif, tenter d'en rester à « l'identité de perception ».

Tout va dépendre de la qualité de la représentation interne de l'objet et de la relation que le sujet entretient avec cette représentation, elle-même largement sous la dépendance de la qualité de la relation à l'objet présent et de la qualité du sens du vécu de la séparation tel qu'il est transmis par l'objet. Mais la voie auto-érotique, la plus pertinente quand elle marche suffisamment bien dans la mesure où elle apaise le sentiment de dépendance à l'égard de l'objet et donc ainsi le conflit d'ambivalence, n'est pas dénuée de conflictualité non plus. « Le narcissisme secondaire », aime à écrire Freud, est « repris à l'objet », ce qui signifie qu'il est vécu comme « pris » à l'objet. Ce que le sujet se donne dans et par les diverses formes de l'auto-érotisme, la manière donc dont il est à lui-même semblable à ce que fut l'objet pour lui, donc ce qu'il reprend pour lui de la manière d'être de l'objet, est vécu comme « pris à l'objet » et potentiellement menacé de rétorsion de la part de celui-ci. Dans la séparation, l'alternative est donc souvent qui va « emporter le morceau » : l'objet va-t-il partir avec le meilleur de ce qui se produit dans la rencontre ou va-t-il pouvoir garder celui-ci mais alors en priver fantasmatiquement l'objet ? L'objet va-t-il « survivre » à cette appropriation auto-érotique ?

Les trois conflits que nous venons d'évoquer forment dans leur dialectique la matrice de la conflictualité psychique première. Moins la culpabilité liée à l'activité auto-érotique sera importante plus la voie auto-érotique pourra être investie. Et plus celle-ci sera investie et moins la haine de l'objet sera importante. Dans la mesure où des « solutions » seront proposées pour dépasser, au moins momentanément le vécu de dépendance, plus gérable sera donc le conflit d'ambivalence. Une telle dialectique propose un cercle « vertueux », cependant menacé, au moment du retour de l'objet, de la tentation de maintenir active la voie autoérotique, quand même potentiellement moins satisfaisante quand la relation à l'objet est suffisamment bonne, que la rencontre avec l'objet de nouveau présent.

À l'inverse moins les auto-érotismes marchent bien, plus ils sont conflictualisés et moins la voie autoérotique sera attrayante, et donc plus aigu sera le sentiment de dépendance et donc vive la blessure de son éprouvé, avec les retentissements attendus concernant la mauvaise régulation du conflit d'ambivalence. Cette fois le cercle est vicieux dans la mesure où plus la blessure liée à la dépendance est grande et moins la qualité de la relation à l'objet sera bonne avec les conséquences alors impliquées sur celle de la représentation interne de l'objet et donc sur la qualité des autoérotismes.

2. Mais quand l'objet est absent, qu'il est « perdu dans la perception actuelle », mais que la représentation interne de l'objet a atteint une permanence suffisante, c'est qu'il est ailleurs, auprès d'un autre objet sans doute. La relation avec « l'ailleurs de l'objet », avec l'objet de l'objet, ouvre aussi à la conflictualité psychique plus particulièrement attachée aux relations triangulées.

L'objet de l'objet est en effet le rival, celui avec qui l'objet « choisit » d'être, celui à qui il faut reprendre l'objet. Mais il est aussi celui auprès de qui est l'objet quand il n'est pas dans la perception : absent, l'objet est « présent ailleurs ». L'objet de l'objet est ainsi nécessaire pour assurer la continuité d'être de l'objet et donc aussi celle du sujet lui-même. En miroir, il sera donc aussi investi en vertu de cette fonction. Une autre forme du conflit d'ambivalence se profile ainsi, mais elle s'organise cette fois non avec l'objet mais avec l'objet de l'objet. On notera que pour Freud le complexe d'Œdipe est dit « complet » quand la relation, aussi bien avec l'objet qu'avec l'objet de l'objet, est marquée du sceau du conflit d'ambivalence. Se profile ainsi l'organisation progressive d'un objet tout à fait essentiel dans la structuration de l'organisation de la conflictualité œdipienne : l'objet « couple », représentant la forme complexifiée des premiers « schèmes d'être avec » qui se mettent en place dans la toute première enfance. L'objet de l'objet est ainsi potentiellement intégré aux activités auto-érotiques du sujet pour autant qu'il puisse avoir le sentiment que lorsque l'objet est présent ailleurs, quand il fait « couple » avec un autre objet, il ne disparaît pas complètement de la pensée de l'objet. Son investissement de la représentation interne de l'objet se trouve ainsi échoïsé « en double » par l'investissement potentiel de sa représentation dans la psyché de l'objet.

Je terminerai ces quelques remarques par une observation que l'on doit à T.G.R Bower. Se penchant sur l'expression des angoisses liées à la séparation dans la première enfance, Bower souligne deux aspects qui appellent réflexion. D'une part, l'angoisse de séparation est observable aussi bien quand l'*infans* est séparé de sa mère que quand il est séparé d'un enfant d'un âge proche du sien et qui est son partenaire privilégié de jeu et d'échanges préverbaux. D'autre part, l'angoisse de séparation s'atténue voire disparaît dans la plupart des cas, quand l'enfant commence à pouvoir utiliser le langage verbal et peut ainsi communiquer avec des étrangers ou du moins des « non proches ». Pour Bower, il semble que l'angoisse de séparation concerne moins le « *care giver* » en soi que le partenaire privilégié d'échanges et de communication, celui avec qui se sont établies les premières formes de langage non verbal, celles qui sont en vigueur à ce moment là du développement, avant que le langage verbal ne devienne un véritable outil d'échanges et de communication potentiellement utilisable avec n'importe quel autre partenaire possible.

L'expérience de solitude en présence de l'autre

Nous avons souligné plus haut que l'une des conditions pour que la conflictualité provoquée par l'expérience de séparation puisse être abordée et traitée de manière structurante, est la qualité des autoérotismes et en particulier le fait que ce qu'ils comportent comme appropriation des caractéris-tiques de l'objet, ne soit pas trop soumis à une menace de rétorsion. Une expérience est tout à fait essentielle dans l'acquisition de la qualité des autoérotismes nécessaires, et la capacité à commencer à « décoller » perception de l'objet et représentation interne de l'objet : celle dont D.W. Winnicott a fait le pivot de la capacité d'être seul en présence de l'objet. La description et l'exploration de ce temps antérieur du processus qui rend tolérable la séparation est le second temps de l'histoire du processus que nous avons annoncé plus haut. Dans l'expérience subjective où la question de « la capacité d'être seul en présence de l'objet » va être mise à l'épreuve – il faudrait d'ailleurs préciser que l'expérience n'a de valeur que si l'*infans* est soumis à une activation pulsionnelle, que s'il est « face à la pulsion » – le petit enfant et son objet sont dans la même pièce mais pas dans une interaction directe. Par exemple l'enfant joue au pied de sa mère qui lit une revue, tricote ou se livre à une activité pas trop prenante. L'enfant joue alors à ce que l'on pourrait nommer « mère », c'est-à-dire un jeu dont l'enjeu est celui de l'appropriation d'une expérience vécue avec sa mère. Il symbolise un moment de rencontre et d'échange avec sa mère, en présence de celle-ci mais sans son intervention. La scène est calme, l'enfant joue, la mère lit ou tricote, chacun dans son monde, mais sans être coupé de l'autre. Si, en effet, la mère se lève pour aller dans une autre pièce, l'enfant peut arrêter son jeu et la suivre. Ils sont bien en lien mais celui-ci n'est pas manifeste, et plus encore n'a pas besoin de se manifester.

Cependant, typiquement et de manière régulière, l'enfant interpelle sa mère pour lui « montrer », lui faire reconnaître et valider son jeu. Il fait ainsi un va et vient dans son jeu à sa mère, et réciproquement la mère lève de temps en temps les yeux de son ouvrage pour regarder le jeu de son enfant et le confirmer. L'enfant vérifie ainsi qu'il peut jouer à être à lui-même sa propre mère sans rétorsion et sans que celle-ci ne soit détruite. L'enfant rapportant à lui et à son activité ce qui se produit simultanément dans son environnement proche, interprète les réactions de sa mère comme une réponse à son jeu et à ce qu'il met en scène. La relation est encore prise dans l'orbite des premières formes du narcissisme et de l'animisme infantile. De son côté, la mère est sans doute parcourue de mouvements divers voire conflictuels. Elle goûte le plaisir d'un moment de calme relatif dans lequel elle peut lire, coudre ou tricoter et s'adonner à une activité « autoérotique » sur fond d'un sentiment d'une certaine indépendance. Mais ce moment d'indépendance a son pendant dans le constat de celui que son enfant est aussi en train de vivre, et qui préfigure les séparations à venir, celles dans lesquelles l'enfant s'éloignera d'elle. De telles pensées, plus ou moins conscientes, peuvent s'accompagner, à côté de la fierté de le voir ainsi grandir et s'autonomiser, d'une certaine flexion dépressive voire d'une réaction contre celle-ci. Elle peut ainsi s'enfoncer plus dans sa lecture ou son ouvrage, quitter l'enfant de sa pensée, le perdre de pensée, l'abandonner à sa conquête d'indépendance. À moins qu'en réaction, elle ne décide d'intervenir dans le jeu solitaire de l'enfant, qu'elle ne l'intruse comme pour lui signifier qu'il a encore besoin d'elle, qu'il ne peut jouer à « mère » impunément.

Pour l'*infans* l'enjeu est multiple, j'ai souligné plus haut qu'un des aspects du jeu était la possibilité de vérifier que la mère « survivait » à son mouvement d'appropriation subjective de l'une de ses fonctions, qu'elle « autorisait » le jeu en cours et le processus qu'il abrite. Mais sur ce fond, et pour autant que la mère « survive » suffisamment bien, qu'elle n'exerce pas trop de rétorsion ni sur le mode du retrait ni sur celui des représailles intrusives, l'*infans* va pouvoir, grâce au va et vient entre son jeu et la perception de sa mère, commencer à décoller représentation interne de l'objet et perception externe. Or cette disjonction, nous l'avons vu, est tout à fait essentielle dans l'expérience de séparation. Quand cela se passe mal au niveau de l'*infans*, soit en raison des particularités du lien établi avec sa mère, soit en raison du mode de « réponse » de celle-ci, il ne peut rester « seul en sa présence », se colle à elle, la sollicite sans cesse, ne la laisse pas seule en sa présence, à moins, à l'inverse, qu'il se retire du lien paradoxal déjà évoqué, qu'il se coupe de la relation avec sa mère sans rien attendre d'elle, dans une forme d'évitement.

Chorégraphie de la rencontre

L'échec de la mise en place de la « capacité d'être seul, face à sa pulsion, en présence de l'objet » interroge ce qui s'est produit ou a échoué dans la dynamique de la relation primaire entre le bébé et son environnement, en amont donc de l'expérience elle-même. Faire avancer cette question suppose de s'aventurer dans un domaine qui n'est pas encore « classique » dans l'exploration psychanalytique et dont la métapsychologie n'est pas encore, elle non plus, consensuelle. Le premier pas de cette exploration est implicite à mes développements précédents et tient dans l'affirmation que les aléas de l'expérience de séparation dépendent en grande partie des modes de lien et de rencontre antérieurs, la séparation étant le « révélateur » de ceux-ci. Une « métapsychologie de la présence » est ainsi appelée, qui implique à son tour une modélisation de la rencontre et en particulier des rencontres premières.

Dans cette perspective pas moyen de penser la séparation sans penser du même pas la rencontre. C'est le couple présence/absence qui passe au premier plan et, aussi bien la question de l'impact de la séparation sur la rencontre et la présence à l'autre, que l'impact de la rencontre sur la séparation et l'absence de l'autre. Mais plus singulièrement, et en suivant la remarque que nous avons reprise des travaux de T.G.R. Bower l'impact de la rencontre sur la place du langage dans la problématique de la séparation, c'est même l'impact du langage qui organise la rencontre sur la possibilité de tolérer l'absence et la séparation. Pour pouvoir faire avancer cette question, quelques rappels sont indispensables.

Notre représentation de l'établissement des premiers liens est en pleine évolution, sous l'action non seulement de la clinique du premier âge, mais aussi de l'ensemble des travaux en psychologie du développement et en neurosciences et de ce qu'ils peuvent apporter à la compréhension psychanalytique des premiers temps du développement psychique. Tout d'abord l'accent est de plus en plus mis sur le mode et les processus d'échanges et de communications qui s'établissent entre nourrisson et environnement premier, sur le mode d'échange et de communication lui-même et non seulement sur ce qui peut en être symbolisé à partir des symboles de l'oralité comme c'est classiquement le cas. C'est ainsi que l'accent a été placé sur un mode de communication « en double » et « en miroir » dans lequel, d'abord à un niveau sensori-moteur puis à un niveau affectif, une relation d'accordage mutuel tend à s'établir et à s'organiser. Ce mode de rencontre semble être déterminé par le besoin de pouvoir créer un mode de communication fondé sur le partage de sensations puis d'affects, mais aussi d'une expressivité mimo-gesto-tonico-posturale, qui permet de créer une forme de langage à partir de l'expressivité corporelle. Pour que celui-ci s'établisse et se mette en place, il est nécessaire que l'éprouvé du bébé soit éprouvé empathiquement par sa mère, ou que l'enfant sente l'effort d'ajustement de sa mère qui l'informe de son intention de chercher à rentrer en contact avec son état émotionnel. Cet effort d'ajustement témoigne aussi de la malléabilité de celle-ci, elle est vécue par l'*infans* comme l'effet de sa capacité à créer un monde en accord avec son éprouvé et son état interne.

J'aimerais insister sur quelques points en rapport direct avec la question de la construction des conditions psychiques de la séparation future. Depuis D.W. Winnicott et l'hypothèse qu'il a proposé d'une fonction « miroir » du visage de la mère pour le bébé – et au-delà du visage, du mode de présence de la mère, de ce qu'elle lui transmet à l'aide de son corps, de la manière dont elle le porte ou le manipule lors des soins etc. – nombreux ont été les travaux qui sont venus apporter confirmation de la place essentielle qu'occupent dans la relation précoce, les « échos » renvoyés à l'enfant par les réponses de sa mère au message qu'il tente de lui faire partager. On a en particulier pu mettre en évidence que les messages de la mère en écho aux états du bébé étaient souvent amodaux, c'est-à-dire que la réponse maternelle a même forme que le mouvement du bébé mais dans une expression sensorielle différente. Par exemple, un mouvement moteur du bébé sera « échoïsé » par un message auditif reprenant le rythme et la fréquence du mouvement moteur. Le fait que l'écho ou le reflet proposé au bébé soit exprimé dans une modalité sensorielle différente que celle du bébé permet à la fois qu'il trouve dans la réponse maternelle une représentation de son propre mouvement et en même temps qu'une différence soit introduite, permettant que mouvement du bébé et réponse maternelle ne soient pas confondus. G. Gergely a pu souligner en outre, concernant davantage le registre émotionnel que la réponse en écho de la mère comportait plus ou moins toujours un double message. Le premier « dit » au bébé la représentation de l'état interne, il propose un contenu pour celui-ci. Le second message lui indique quant à lui que l'état en cause est le sien et non celui de la mère. Ce second message passe par exemple par une théâtralisation de la réponse, une accentuation manifeste de celle-ci, on peut même dire une forme d'hystérisation de l'état interne échoïsé, il propose un message sur le sujet du contenu.

Mais un tel type d'échange n'est possible, j'ai commencé à l'avancer plus haut, que si la mère peut « partager » l'état interne de son bébé, que si l'état interne du bébé devient, au moins pendant un temps, un état commun. L'état commun implicite et la forme échoïsée proposée par la mère forment une première forme d'un symbole, d'un « mettre ensemble », « d'un mettre en commun » qui offre un soubassement relationnel à l'activité de symbolisation, le soubassement d'un proto langage commun. C'est ce type d'échange et de communication qui étaye les représentations d'une « union » entre bébé et environnement.

Divers auteurs ont souligné que l'un des enjeux de la rencontre première entre bébé et environnement est la construction d'une représentation de l'union. D. Anzieu a proposé de repérer cette représentation autour de la figure d'une « peau commune », J. McDougall autour de l'idée « d'un corps ou d'une partie du corps pour deux » – ou d'une partie de la psyché pour deux – M. Little a avancé la nécessité d'états qu'elle nomme de « oneness », dans lesquels deux sont réunis en un. Si J. Mc Dougall a surtout exploré les formes psychopathologiques de ces états, D. Anzieu et M. Little en ont par contre décrit le point de passage indispensable. Avant de pouvoir se séparer et se différencier, et pour pouvoir le faire, il est nécessaire d'avoir pu préalablement se réunir en une unité duelle, en une forme commune, une « enveloppe commune ». Les formes psychopathologiques décrites à l'âge adulte témoignent la plupart du temps de l'échec de cette construction première et du défaut de celle-ci que les processus psychiques plus tardifs tentent de pallier. C'est cette peau commune qui contient aussi et relie perception de l'objet et premières formes de la représentation de l'objet « collées ensemble » dans un objet commun, forme transitionnelle du symbole de la rencontre et de l'impact de la présence.

Conclusion

Pour conclure j'aimerais rapidement reparcourir dans l'autre sens le chemin qui mène vers la possibilité d'une séparation qui ne soit pas vécue comme arrachement. Tout d'abord l'établissement du lien premier aboutit à la représentation d'une enveloppe commune qui conjoint perception et représentation de l'objet, en trouvé-créé, symbole de la rencontre et de l'union. Puis, dans les expériences du type « expérience de solitude en présence de l'objet », représentation de l'objet et perception de l'objet commencent à pouvoir être décollées sans dommage pour l'une ou l'autre. La perception et la représentation deviennent progressivement « différenciables », elles « survivent » à leur différenciation psychique. Dans les expériences de séparation, quand ce processus se déroule de manière satisfaisante, l'*infans* peut se tourner alors vers la représentation interne de l'objet absent et développer ses « palliatifs autoérotiques », en appui sur la conception du fait que l'objet absent est présent ailleurs, qu'il « survit ailleurs ». L'*infans* rentre alors dans l'univers du conflit psychique aussi bien interne que dans la relation qu'il établit alors avec l'objet tout autant que l'objet de l'objet.

Table des matières

Achevé d'imprimer par l'Imprimerie France Quercy, 46090 Mercuès
N° d'impression : 31079 - Dépôt légal : septembre 2013

Imprimé en France